长安

[日]佐藤武敏——著
高兵兵——译

《丝路·长安国际译丛》（第一辑）

主编　王双怀　高兵兵

三秦出版社
陕西新华出版传媒集团

图书在版编目（CIP）数据

长安 /（日）佐藤武敏著 ；高兵兵译. — 西安 ：三秦出版社，2021.7
（丝路·长安国际译丛 / 王双怀，高兵兵主编. 第一辑）
ISBN 978-7-5518-2413-2

Ⅰ. ①长… Ⅱ. ①佐… ②高… Ⅲ. ①长安(历史地名)—城市史—研究 Ⅳ. ①K294.11

中国版本图书馆CIP数据核字(2021)第128503号

长 安

［日］佐藤武敏 著 高兵兵 译

出版发行	陕西新华出版传媒集团 三秦出版社
社　　址	西安市雁塔区曲江新区登高路1388号
电　　话	(029) 81205236
邮政编码	710061

印　　刷	西安市金雅迪彩色印刷有限公司
开　　本	720mm×1020mm 1/16
印　　张	13.25
字　　数	197千字
版　　次	2021年 7月第1版 2021年 7月第1次印刷
标准书号	ISBN 978-7-5518-2413-2
定　　价	66.00元

网　　址 http://www.sqcbs.cn

《丝路·长安国际译丛》（第一辑）编委会

《丝路·长安国际译丛》序

由王双怀和高兵兵教授主编并由他们与徐璐、翁建文等西大学人分别担任译笔的《丝路·长安国际译丛》即将付梓，兵兵教授邀我写几句话。我对日语翻译及该领域在日本的研究现状都不懂，本应婉谢，之所以要说几句捧场的话，是因为以下三端：

首先是对高兵兵教授事业的支持。兵兵六年前从日本大阪大学获博士学位，学成归来，给她开出诱人待遇与条件的学术机构很多，兵兵选择了西北大学文学院，这对我校刚刚起步的对外汉语专业是一个很有力的支持。她在紧张的教学之余，很快调整工作状态，以适应国内的教学科研环境。先后推出一系列有关日本汉诗及汉文学研究的成果，而且主办了多场国际学术会议。由于她的成果突出，当时成了西北大学文科第一批通过特别评审晋升教授的归国人员，一时很引人关注。兵兵并没有满足于已经取得的成绩，几年前就吐露出要进行日本长安学研究翻译一事，并积极申报课题，一转眼已经有第一批成果问世，确实是值得祝贺的。

其次是给我提供先睹为快的机会。日本学界对该领域的研究状况我无法准确评判，但本辑中的几部著作如《长安的都市规划》（妹尾达彦著，高兵兵译）、《唐代长安镇墓石研究》（加地有定著，翁建文、徐璐译），仅从题目上我就特别喜欢。原著者在日本都是该领域的翘楚，很多年前我就拜读过妹尾教授研究唐代文人生活状况的大作，还多次引用过他关于白居易等文人在长安、洛阳等地居住的研究成果。印象中，妹尾先生与陕西学界联系较多，听说他曾师从著名史学家史念海先生。二十世纪八十年代中后期，我也在师大随霍松林先生读书，校园中曾多次见过他进行学术交流的海报，可惜当时忙忙碌碌，没有聆听并拜见，这次通过兵兵教授的翻译，比较系统地了解了妹尾先生关于长安都市规划的学术见解。几位日本学人的成果，所讨论的问题既深入又细致，既可以帮助我们了解该专题的学术前沿，又可以让我们略窥日本汉学学风之一斑。

再次是提供了长安学研究的“他者”视角。据我的不完全了解，国内关于长安的研究也正方兴未艾。仅以陕西学界而言，李炳武先生曾主持编辑皇皇十多册的《长安学丛书》，王军、陈学超先生曾以长安学申报西安市社科重大课题，并在陕西师范大学设立长安学的学位点。张新科先生主编《长安学研究》杂志，已经推出多期成果。陕西师范大学和西安文理学院都以长安学作为重点研究方向，特别是陕西师范大学将以长安研究作为申报协同创新研究平台的重要项目。可见长安研究已由原来荒寒冷僻的专家之学，变成今日各方关注的显学。海外的研究，特别是与中国文化关系密切的日本研究，也是一个重要的它山之石。国内特别是陕西学界不能忽视这个视角，以避免做低水平重复性的简单工作。高兵兵、徐璐、翁建文等学者的努力，无疑是在为这个领域做最基础的铺路垫石工作。由于目前的科研体制所限，重著述轻翻译，助推了浮躁的学风。故高兵兵和她的团队正在做的这项扎实工作，更值得学术界的肯定。

当然，翻译本身也有它的学术标准，董桥先生认为优秀的译作应该是原作者与译者的“门当户对”。故如何在遵守专业规范的同时使译笔更流畅准确，既符合原文的行文风格，又有清通畅达的汉语，确实有难度。本人没有过翻译实践，只是随意说说而已，说得多了就要出乖露丑了，就此打住。

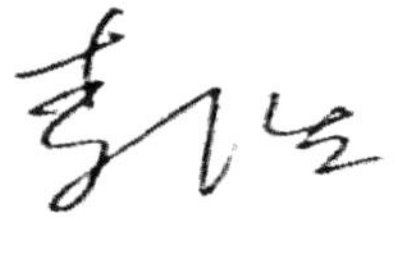

2012 年 10 月 25 日

旅次渝州途中

总　　序

长安曾是周、秦、汉、唐等中国最重要朝代的都城，是中华文化的根基所在。它曾是世界上最大的都市，地处中原腹地，东西贯通、南北交会、政经繁荣、文化灿烂，是世界各国、各族人民向往的地方。其发达、灿烂的文化对丝绸之路沿线以及整个世界都产生过巨大的影响。

"长安"不仅是一个城市、一个地名，它可以说是中国文化中一个重要的文化符号。近年来，随着中国国际地位的日益提升以及影响力的扩大，中国对自己的文化如何向外传播格外重视起来。鉴于古都长安在中国传统文化中的核心地位以及历史上曾经享有的国际地位，我们迫切需要了解古代长安文化对世界的影响。

古代长安所在的西安市，继作为国家西部大开发龙头城市之后，又被公认为世界遗产"丝绸之路"的起点，迎来了前所未有的发展契机。在这样的情况下，我们必须要以国际化的视野来重新审视西安的历史与未来。了解古代长安的国际影响，将对我们把西安建设成为国家中心城市起到重要的借鉴作用。

研究长安的国际影响，一方面需要了解长安文化在域外的传播及本土化过程，另一方面需要了解国外学界是如何研究长安的。

关于前者，近年来，丝绸之路的国际合作研究、遣唐使及东亚留学生的国际合作研究等已经蓬勃开展，像日本遣唐使井真成墓志、百济祢氏家族墓志的保存和研究等，使古代长安历史文化的研究上了一个新台阶。本人所在的西北大学，近年来在丝绸之路及东亚研究两方面都取得了丰硕的成果，如以井真成墓志的保存为契机的与日本专修大学的合作研究，已在中国和日本同时出版了论集《长安都市文化与朝鲜、日本》。

但关于后者，即国外学界研究长安文化的成果，却几乎都没有被介绍到国内来。如日本著名唐史学家石田幹之助（1891—1974）博士研究唐代长安文化的名著《长安之春》（1941），自问世以来，在日本多次再版，经久不衰，该书既有翔实的考证，又充满着浪漫气息，可以说，就是这部书，让广大日本人民对古长安也对今天的西安心驰神往。这么重要的著作，在韩国似已有译本，但还没有中译本，这不能不说是长安文化研究的重要缺失。再如新一代的中国研究专家、专门从事中国都市史研究的妹尾达彦（1952—）博士的专著《长安的都市规划》，以新锐的全球化视角，把唐代长安城放到欧亚大陆及世界文明发展史中来重新审视；同时又从儒家文化的角度分析了唐长安城的结构，并与中国其他都城做了比较；他还以自己独特的视角，对唐长安城内的生活情境进行考查和描述，此书可谓是21世纪长安研究的代表作，具有很强的可读性，目前在日本市场已经售罄，该书在韩国也已经被翻译出版，而中译本还没有问世。

以上虽仅以日本为例，但可以见得，古代长安文化国际研究成果的引入，目前在国内还基本上处于空白。“它山之石，可以攻玉”，作为一个西安学者、一个古长安文化的后继者，我深感自己有责任传承和发扬长安的历史文化，更有责任将国际上研究长安文化的丰富成果在国内加以推介。

以上就是我们主编本套丛书的初衷。我相信，这项事业，将对今后西安地域文化发展、促进古代长安文化研究的国际化以及弘扬中华民族伟大传统精神，做出重要的贡献。

丝绸之路沿线及西方世界，历史上与长安交往的时间长短、层次范围均不相同，因此应不同对待。比起现代欧美诸国，东亚、中亚诸国与长安文化往来的历史较长，受长安所代表的中国文化的影响也要深远得多。在中亚、东亚诸国，研究长安文化就等于研究各国自身古代与中国的交流史，因此，这些国家在对长安文化的关注度上，以及有关长安的文献和当代研究成果方面，都要远远超出欧美各国。尤其是朝鲜、日本等东亚诸国，自古受到中国文化的全面影响，他们使用汉字，学习以儒家经典为核心的汉文典籍，接受儒、释、道等中国思想价值体系，与古代长安的交流广泛而深入，使节往来频繁。他们从都城长安带去当时最先进的中国文化，可以说，长安文化已经融入到他们自身的文化体系当中。

鉴于以上理由，本丛书将首先介绍东亚诸国对长安的研究。加之本人所学的专业及研究范围所限，第一阶段将主要集中在日本成果的推介，然后再扩大到朝鲜半岛以及世界各国。今后成果推介范围的扩大，还要依靠西北大学各相关学科和研究团队的加盟，以及国际合作研究的蓬勃开展。

本套丛书从策划到第一批译著问世，再到今日的再版修订，已过去了十年，其间，许多这方面的成果也陆续问世，如妹尾达彦继《长安的都市规划》后，又有《隋唐长安与东亚比较都城史》（中文版，西北大学出版社，2019 年）及《全球史》（日文版，中央大学出版部，2018 年）等新著，其他日、韩学者也不乏新著出现。我们一定再接再厉，期待着这套丛书今后能源源不断注入新的血液！

另外，本丛书并不局限于研究专著，只要是与长安历史文化相关的内容，我们都将广泛吸纳。以往已经在国内翻译出版的一些零散的译著，如有必要，我们也会重新组织翻译。国际上研究长安的优秀单篇论文，我们也会将其陆续以专题论文集的形式加以介绍。

本丛书的问世，离不开西安这块地域，离不开长安厚重的历史文化底蕴，离不开陕西强大的人文学科优势。在此谨对西北大学李浩教授和陕西师范大学杜文玉教授、王双怀教授等人的大力支持表示诚挚的感谢！本人除了编好这套丛书，无以为报。

本丛书选择由三秦出版社出版，也是有特殊缘由的。三秦出版社一直致力于古代长安丰富文献资源的发掘和最新长安研究成果的推介，与长安历史文化相关书籍的出版发行，非其莫属。再者，该社之前就已经出版过一些国际上与长安有关的译著了，如日本教师足立喜六的《长安史迹研究》、吉川幸次郎之子吉川忠夫的《秦始皇》等，这也让我自然而然地想到了三秦出版社。在此也感谢三秦社总编辑赵建黎先生、副总编辑贾云先生的信任和支持，希望这项事业结出累累硕果！

最后，期待广大读者能够喜欢这套丛书。

高兵兵

2021 年 7 月

于长安蜗居

初版序

按照最初的策划，本书该由平冈武夫完成，而我则承担另一部书的出版。平冈是研究唐代文学的，出于需要，他编著了“唐代研究指南”丛书，其中就包括大作《唐代的长安和洛阳》（索引、资料、地图）。《长安》由平冈来执笔，应当是最合适的，但他因故推辞了，所以才换成由我执笔。

我很早就开始关注中国都市史这一领域，一直从事这方面的研究。而专门研究长安，始于1951年，那年我开始在大阪市立大学任教。当时，山根德太郎也在大阪市立大学的历史学教研室任教，我跟随他从1952年开始对“难波宫遗址”进行调查研究。遗址位于大阪市东区法圆坂一带，我数次去发掘现场参观过。其间山根给我做了详细解说，据他讲，“难波宫”自孝德天皇大化（645—650）至桓武天皇延历（782—806）这140年或150年间，曾作为首都或陪都，期间先后经过四次改建，规划中可以看到中国都城建制的影响（详情请参照山根德太郎著《难波宫》和《难波王朝》）。后来，平城、藤原、长冈等关西地区古代各个都城也都得到了调查发掘，使得我国的古代都城研究有了崭新的发展面貌。不过，山根也说过，要想阐明我国古代都城的特色，就有必要与中国的都城建制进行比较研究，而这个领域需要研究日本历史的专家和研究东亚历史的专家相互配合。打那之后，我开始把长安作为研究对象，完成了若干篇论文。再后来，1966年我得到了在大阪大学文学部讲授特设科目“汉唐长安”的机会，当时准备的讲义，后来经过修改，就是本书的底稿。

本书除了对战后突飞猛进的调查研究成果加以介绍外，还会涉及都城制度和社会生活的方方面面，并力图从整体上去把握长安的特点。但也难免会挂一漏万，我仅希望以本书来抛砖引玉，倘使能为今后研究长安的学者提供一些方便，我也就心满意足了。

此外，本书仰仗先学之诸多成果中，要特别感谢直木孝次郎关于平城京的不吝赐教。同时，对三上次男和近藤安太郎这两位在出版此书过程中给予我的大力协助，也表示深深谢忱！

佐藤武敏

1971 年 8 月

致主编——代中文版序

高兵兵老师：

非常感谢您的来函。先生的学术经历及成果都已了解，关于翻译和出版拙著《长安》的相关资料以及随函所寄妹尾达彦《长安的都市规划》译本，也都已经看过了。

对于您将翻译出版拙著一事，我没有任何异议。能够让贵国的学者们读到这本书，是件大好事，我表示同意。

拙著《长安》作为都市史研究的一环，从环境、形态、行政、经济、文化、国际关系等诸多角度，对汉唐长安进行了综合性的研究论述，在日本似乎被誉为先驱之作。但当时由于受到出版页码所限，我觉得并没有完全述尽我的观点，也觉得有必要补充进新增的资料。不过我也希望最初的创作仍然可以发挥它在学界的作用，所以非常感谢您这次将其纳入出版计划。另外，对您亲自翻译此书，也送上我由衷的慰劳之意。

以上就是我给您的答复。

时节已近年终，衷心祝愿您2013年硕果累累、幸福康宁！

佐藤武敏

2012年12月19日

（附佐藤武敏先生信函原件）

拝啓

御手紙有難く拝見いたしました。先生の経歴並に業績などよく分かりました。また拙著『長安』の翻訳出版関係の書類、妹尾達彦氏の『長安の都市計画』確かに受領いたしました。

翻訳出版の件は別に異論ありませんし、貴国の研究者の方々に読んでいただきますことは大変結構なことと思いますので承諾いたします。

拙著は都市史研究の一環で、漢唐の長安

を環境、形態、行政、経済、文化、国際関係などの諸観点から総合的に研究したもので、わが国では先駆的な仕事となったようです。ただ与えられた原稿の枚数が限られ、充分意を尽くせない点もありましたし、また新出資料で補う点もあろうかと考えられますが、旧著でも多少とも学界のお役に立てれば幸いで、今回の出版計画には感謝しております。また翻訳のお仕事お苦労様に存じます。

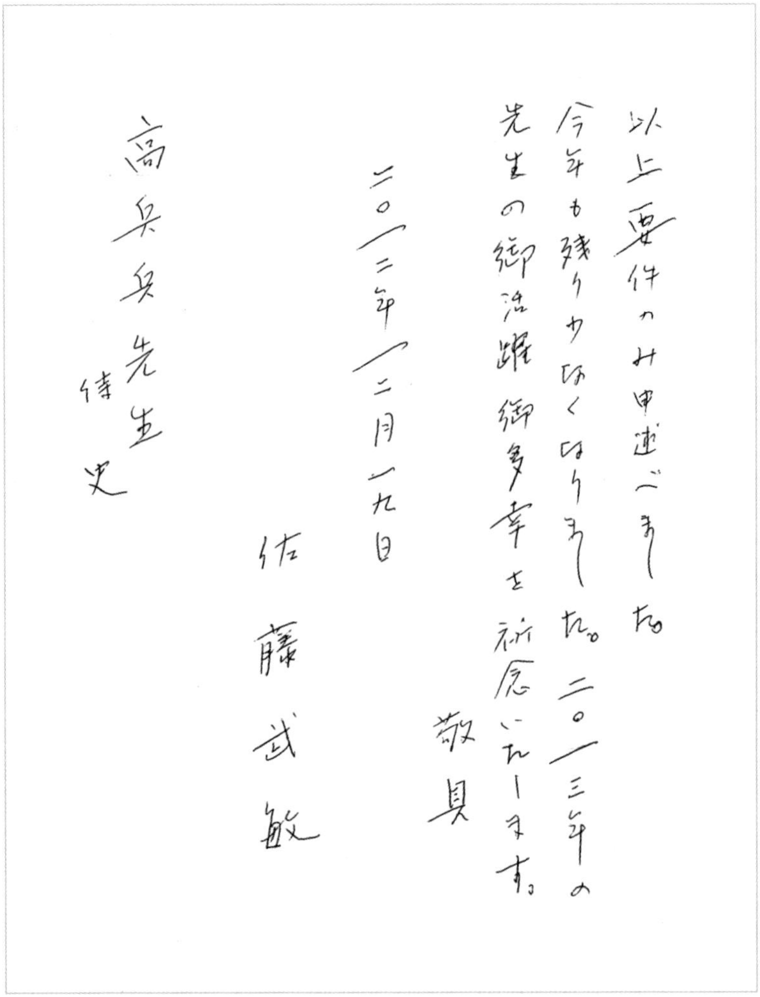

以上要件のみ申述べました。
今年も残り少なくなりました。二〇一三年の
先生の御活躍御多幸を祈念いたします。
敬具
二〇一二年一二月一九日
佐藤武敏
高兵兵先生
侍史

目　　录

绪　　言

长安是与洛阳齐名的中国代表性古都。自西汉在此建都以来，前赵、前秦、后秦、西魏、北周、隋、唐等诸多王朝均定都在这里，特别是西汉和隋唐长安，分别有200余年和300余年的历史。不过，虽然都是长安，但西汉和唐，其位置略有不同，西汉长安城在今西安市中心西北方向约10公里处，而唐长安城就是现在西安市区所在的位置。

关于汉唐长安，很早就有众多的记录传世。张国淦《中国古方志考》中列举了陕西省自汉代至元代有关长安的书目；朱士嘉《中国地方志综录（增订本）》中列举了陕西省自宋代至中华民国间传世的有关长安的书目。两者相加，数量颇丰，其中虽然已多有散佚，但由此可知长安自古就受到许多人士的关注。其中主要的记录，就包括唐韦述作于开元十年（722）的《两京新记》，它记录了隋至唐开元年间长安、洛阳的历史，全书有五卷，但只有第三卷传世，藏于日本尊经阁文库。据说这部残卷原来藏于金泽文库，宽政十一年（1799），林述斋将其列入《佚存丛书》第一帙，清朝人士见此大惊，于咸丰三年（1853）将其列入了《粤雅堂丛书》。这是一部不晚于镰仓初期（12世纪末）的古抄本，从其精细的笔迹中可以看出日本人对长安和洛阳有着非同一般的兴趣。

编纂于宋代的，有宋敏求《长安志》二十卷、吕大防《长安图》一卷、程大昌《雍录》十卷等。特别是《长安志》，它是宋敏求花费20年岁月写成的，详细记录着唐都长安的城郭、宫室、官府、山川、道里、津梁、邮驿、寺院、风俗、物产等，还记载着唐代繁盛时期士大夫的邸宅所在及街市沧桑。其后，还有元代李好文的《长安志图》三卷、元代骆天骧的《类编长安志》十卷、清代徐松的《唐两京城坊考》五卷等诸多关于长安的杰出著述。徐松的《唐两京城坊考》也是花费长期岁月编纂而成，它参照了程大昌、李好文等人的著述，还精心辑录了两唐书、石刻、文集、杂记之类的资料。

以上著述，不仅参照文献，有些还进行了实地考察。近人的长安研究，也致力于实地考察，取得了许多新成果。日本的足立喜六，于明治三十九年（1906）至四十三年（1910），在西安任陕西省高等学堂教习，他利用工作之余在西安府内外从事史迹考察，特别是进行了汉唐长安遗址的测量。关野贞也在明治四十年对西安及其近郊进行了考察，并写成周、汉、唐陵墓及遗址的报告。法国的赛加仑（Victor Segalen）考察团，也于1914年在西安对汉、唐遗迹进行了考察，并公开发表了报告。在中国，1933年至1934年，徐炳昶和他领导下的北平研究院史学研究会，对汉、唐长安城进行了考察，特别是在对民政厅前院（唐中书省遗址）的发掘中，发现了宋代吕大防所刻唐大明宫、兴庆宫、太极宫以及皇城图等的残石，确定了三宫的位置。

不过，对汉、唐长安城正式展开发掘考察，还是在二战结束以后。1956到1957年，中国科学院考古研究所对汉长安城的城墙和城内的一部分进行了发掘；1957年又开始了唐长安城的发掘调查，他们首先考察了大明宫遗址，取得了很大的成果。此外，陕西省文物管理委员会也在1957年考察了长安城（外郭城）的范围及各城门的位置。1959年至1962年，中国科学院考古研究所，又对长安城的城垣、坊、市、街道、宫城、皇城的布局和区划等开展了调查。这样一来，我们对汉、唐长安城，特别是对其形态就有了许多新的了解。

本书将利用文献及近年考古调查成果，首先就汉代以前长安周边都城的历史进行阐述，然后分别对汉、唐长安的都城形态、规模，进而对其行政制度、防御体制、经济生活、宗教、文化等方面的特色进行论述。

一　汉以前的长安周边

1. 西安的自然环境

气候与土壤

在进入长安的历史叙述之前，让我先主要根据《西安历史述略》（陕西历史博物馆编，1959年）来说明一下西安的自然环境。汉、唐长安城所在的今陕西省西安市，位于东经108度55分45.5秒、北纬34度15分24秒处。海拔约400米，地势大致为东南高，西北和西南低。年平均降水量561.2毫米，降雨多集中在7、8、9月。最冷的是1月，平均气温零下8摄氏度；最热的是7月，平均气温28.1摄氏度。冬季寒冷，但其他季节气候都很温和，雨量也适中。

这一带属于黄土高原。所谓黄土，就是指浅黄中略带灰色的土壤，其构成因子有一定的大小，据说有0.01至0.05毫米。黄土的有孔性超过45%，能够包含很多湿气，而且孔口纤细，每个孔口都呈现出活跃的毛细现象。黄土中还含有丰富的碱性成分及石灰成分，其中的矿物质新鲜且几乎都是未分解状态。以上这些被认为是黄土有自身施肥功能的依据。而且，黄土易碎，用简单的农具就可以耕作。也就是说，黄土是非常适合农业的土壤。西安周边很早就有了农业，出现了村落，这都源于其得天独厚的自然环境。歌颂周王始迁岐周之地、开辟基业、文王受命的《诗经·大雅·绵》中，有下面一节：

周原膴膴，堇荼如饴。
爰始爰谋，爰契我龟；
曰止曰时，筑室于兹。

目加田诚将其译为（以下《诗经》引文同。译者译自日文白话，下同）：

周原沃野千里，堇和荼都像饴糖一样甘甜。
在那里大家开始谋划，刻写龟纹烧灼占卜。
就停在这里吧这里好，于是在这里建造了宫室。

此外，被认为作于战国时期的《尚书·禹贡》对中国各地土壤的品评中说，“雍州”即陕西，“其土黄壤，其田上上”。“上上”即禹贡九州中最优的。

长安八水

西安地区农业发达不仅因为土壤，河川众多是其另外一个优势。这一带有许多河流经过，河道随时代而变迁。西汉司马相如的《上林赋》中，有如下一段：

君未睹夫巨丽也，独不闻天子之上林乎？左苍梧，右西极，丹水更其南，紫渊径其北。终始灞浐，出入泾渭，酆、镐、潦、潏，纡余委蛇，经营乎其内。荡荡乎八川分流，相背而异态。

这里说长安附近有八条河流，分别是灞、浐、泾、渭、酆、镐、潦、潏。唐代长安的“八水”名称也与之相同，但现在的长安八水说的是渭、泾、沣、浐、灞、潏、滈、涝。渭水发源于甘肃省渭源县鸟鼠山，向东南流入陕西境内，横穿关中平原。由北向南注入渭河的有金陵水、汧水、漆水、泾水、石川水、洛水，由南向北注入渭河的有黑水、涝水、沣水、浐水、灞水、潼水，渭水汇聚了这些河流后，向东过潼关注入黄河。渭河的河床靠近南山，所以北岸的河流长，且水量充足，而南岸的河流短，水流大的不多。北岸的河流因为流经甘肃省东部和陕西省北部的黄土高原，故含有大量的泥沙，使得渭水很浑浊。渭水自古就对关中平原的农业水利和水上交通发挥着重大的作用。泾水离长安有一段距离，秦汉时期开凿了郑国渠、白渠等水利设施，提高了关中平原的农业生产力。南北朝时期，由于外民族入侵，各处的渠道被掩埋。到了唐代，贵族们则用碾硙（水车）灌溉，泾水的灌溉设施因而逐渐衰微了。沣水发源于终南山的沣谷，合高冠谷、太平谷二水，由户县流入长安境内，又向西北流至咸阳市境内，最后注入渭水。

西周的丰京在沣水之西，镐京在沣水之东，秦都咸阳、汉都长安都在沣渭两水的交汇处。沣水的水量亦很丰沛，也一直被用于灌溉。浐水在西安东郊 5 公里处，发源于蓝田县西南的秦岭山中，在西安十里铺以东的光泰庙附近与灞水合流，又一同注入渭水。浐水位于白鹿原与少陵原之间，河谷宽阔，形成沃野。灞水位于浐水以东，与浐水并行，距离西安 10 公里，发源于蓝田县东南的秦岭山中，在光泰庙附近与浐水汇合，再注入渭水。灞水因为位于西安东边，所以是东西往来的必经之地。潏水在西安以南 15 公里处，发源于秦岭大义谷，其河道自古频频发生改变，在杜曲至韦曲间形成约 10 公里的河谷盆地，此地曾是西汉初期樊哙的封地，所以也称樊川。这一带风景优美、土壤肥沃，唐代时多有贵族别墅。滈水在西安西南约 20 公里处，由秦岭石鳖谷流出，至香积寺与潏水合流，也称交水、福水等。涝水即漕河，相当于潏水的下游。

如此，西安附近河川丰富，自古就在农业、水运等方面发挥着作用。

周边的山

要说长安周边主要的山，首先是《诗经·秦风》等中所描写的终南山。终南山耸立在西安的南边，亦称中南山、周南山、太乙山等，王维《终南山》一诗中有“太乙近天都，连山到海隅”。终南山有两条山路，一条是子午路，连接西安与关中（译者注：当为“汉中”之误）；一条是武关路，由西安经商洛直通楚豫。这两条大路中间是大义谷，通称大峪口。

接下来是南五台，它在西安南边30余公里处，是西安附近的秦岭主峰；它因为处在耀县五台山以南，所以称为南五台。接下来还有翠华山，它位于南五台的东南，其谷口曾有汉武帝建于元封二年（前109）的太乙宫，因此也称太乙山。山上有天池，也叫太乙池、龙移湫、澂源湫等。还有圭峰山，它位于西安西南40余公里处，因其山峰突兀如圭，故被称作圭峰，也叫尖山。圭峰东边有紫阁、大顶、凌云、罗汉等峰，旁边的高冠谷之沣水是渭水的水源之一。

此外还有骊山，位于西安以东20余公里处，因其主峰在临潼县城南门外，所以也称临潼山。骊山东西绵延20余公里，最高峰海拔1 256米。骊山脚下有温泉，自东汉时起就被开发利用，直到今天。唐天宝年间（742—756），玄宗皇帝和杨贵妃每年冬季都居住在此，使之闻名遐迩，据说现今华清池的所在，就是当年华清宫的一部分。距骊山温泉东约4公里处，是秦始皇陵。

2. 新石器时代的西安周边

仰韶文化遗址

关于新石器时代遗迹，二战结束前，陕西就只有1934—1935年间徐旭生对宝鸡县斗鸡台戴家沟遗址做过考古调查。而战后，新发现了多处遗址，单是西安附近发现的仰韶文化遗址就已达30多处。主要有沣水两岸的灵台、上南丰、路柳庄、关道口、马王村、开瑞庄、海家坡、北念头、黑牛坡、大吉村、南荆市村、中丰店、洛水村、斗门镇、镐京观，浐水沿岸的十里铺、孝子岭、半坡村，浥水流域的鱼化寨、关庙、三桥镇、未央宫等。在上述遗址中，属半坡村的发现最具代表性，它位于浐水东岸800米、河床上9米的河谷台地，是一处伴有公共墓地的大型居住遗址。1953年春，西北文物清理队首次发现了半坡遗址，1954年，中国科学院考古研究所西北调查发掘团开始对其进行挖掘。自1954年秋天到1957年夏天期间，共进行了5次尝试性发掘，其成果收于1963年出版的《西安半坡》（文物出版社）。

根据调查报告，半坡的发掘总面积约1万平方米，发现房屋遗迹40余处、墓葬200多座，出土生活、生产用具上万件。据发掘人员推断，聚落总面积为5万平方米，呈不规则的圆形，南北径略长，东西径略短。中心3万平方米的区域上，集中分布着房屋、贮藏用的窖坑、养家畜的圆形围栏等，居住区外有深大的壕沟围绕。壕沟外侧，北边是公共墓地和几个零星窖坑，东边发现了陶窑。房屋遗址共发现46个，有方形和圆形两种，方形的多为半穴居式，而圆形的多为地面木结构建筑。关于两者的差异，有人认为是由于家庭成员不同，但并无定论。另外，几乎所有的房屋遗址内都发现了炉灶痕迹。200余座窖坑均呈不规则的长方形，埋藏着人们吃剩的兽骨、鱼骨、贝壳、淡水小蚌壳、果核等。窖坑周围有沟，沟内留有木柱的柱坑。半坡遗址还出土了大量的农业、狩猎、捕鱼及手工业用工具，说明当时人们从事过这些活动。特别是农业方面的工具，出土达735件，种类有石斧、石锛、石铲、石锄、石刀、石杵等。斧和锛大部分为磨制，铲、锄、刀大部分为打制。农具数量多、形式复杂，其中半数以上为磨制，说明当时的农业已经进入了较发达的锄耕农业阶段。主要农作物是粟，因为第115号窖坑内出土了粟壳，还出土了贮藏粟壳的陶罐。蔬菜作物也有栽培，因为在第38号房屋遗址发现了装在陶罐内的碳化蔬菜种子，经中国科学院植物研究所鉴定，种子属于芥菜或白菜。其他还出土了野生的栗、松、朴、榛等果实，都是被采集来供食用的。家畜中出土特别多的是狗和猪的骨头；羊、鸡、牛、马的骨头也有出土，但数量不多，难以确定它们是否被作为家畜饲养。报告说，生活用具主要是陶器，共出土陶片50多万片，保存完整和经过修复的陶器近千件。陶器的种类也非常丰富，饮食用具有钵、碗、盆、皿、壶、杯、盘等，有的陶器上还施以彩绘、纹饰。用于打水或储水的，有瓶、壶、罐等，也有施以彩绘的。

上述情况说明，在当时的半坡仰韶文化遗址上，已经出现了与当今村落别无二致的大型聚落，其主要产业是农业。《西安半坡》的著者推测，此聚落的社会结构为母系氏族社会，农业和采集主要由妇女承担，而打猎和农业生产中采伐树木或开垦等活动，则主要由男子承担。

龙山文化遗址

西安周边的新石器时代文化，继仰韶文化之后兴起的，是龙山文化。龙山文化的遗址为数不多，仅有沣水流域的开瑞庄、洛水村、斗门镇、上泉北、镐京观、河底村和浐水流域的米家崖。其中最具代表性的是开瑞庄（客省庄）遗址，它发掘于1955年，其成果见《沣西发掘报告》（文物出版社，1963年）。该遗址位于沣水西岸、西安西南约20公里处，根据对客省庄以北丘陵3000平方米区域的发掘，阐明了这里是新石器时代一直延续至唐代的居住地及公共墓地遗址。第一期为仰韶文化层，第二期为龙山文化层。

龙山文化层中发现了10处居住遗址，均为半地下穴式建筑，分为方形和圆形两种。其中方形遗址5处，均由内室和外室构成，二者之间有通道连接，恰如一个“吕”字形。拿保存最完整的一座小型方形居住遗址来说，内室东西长2.76米，南北长2.6米，基本呈正方形，中央有圆形的炉灶遗迹，一条宽0.6米的通道由内室通向外室；外室也几乎呈正方形，东西长1.68米，南北长1.7米，屋内东北角有一个长方形的小灰坑，出入口在西北角，有台阶。圆形住宅遗址也是5座，其中又分为单纯的圆形住宅和内室呈圆形而外室呈方形或长方形的两种。单纯的圆形住宅仅一处，这说明客省庄第二期文化的住宅一般都由内外两室构成。除上述住宅外，还发现了数量众多的贮藏用地窖，一般洞口较窄，直径1米左右；而底部直径达3—4米，深2.5米上下，纵剖面正像一只硕大的瓶子。

居住遗址内还发现了很多生产工具。用于农业的有骨铲、石刀、陶刀、研磨器具等，尤其以石刀居多。采伐工具有石斧、石锛、石凿等。由此可以肯定，农业是当时的主要产业，不过其他还出土了陶制和石制的纺锤车、骨针等，说明进行过纺织活动。还出土了石制及骨制的钓钩、镞，这说明当时也进行过渔猎活动。而且，也还出土了大量的狗、猪、牛、羊等动物遗骨，特别是有宰杀乳猪的痕迹，说明当时这里的畜牧、畜产已经相当发达了。此外还出土了大量的陶制日常生活器具，其中灰陶最多，红陶次之，黑陶最少。种类包括鬲、斝、罐、双耳罐、盘等，印有条篮纹或方格纹，也可以看到薄型黑陶三足盉及鬶等。制陶一般采用“堆绳法”，但也可以看到使用旋盘制作的器具。客省庄第二期文化的上面就是西周文化层，《沣西发掘报告》的著者推断，客省庄第二期文化持续了相当长的时间，还因为发现了卜骨片、陶祖（阳根）等宗教遗留物，特别是后者，所以客省庄第二期文化被认为是父系氏族社会。

3. 周都丰、镐

周之五都

据《史记》卷四《周本纪》，周朝的世系自后稷至武王共16代，其间更换了5座都城。后稷时，受封于“邰”；公刘卒后，定国于“豳”；古公亶父时，为避狄寇侵扰而迁于“岐”；文王时迁于“丰”；武王时迁于“镐”，一直到周朝东迁洛阳。但这些是否是事实，似乎并不确定，而且各个都城到底在什么地方也都说法不一，因此在中国的考古学家中间，掀起了实地探查这些周代都城的热潮。特别值得一提的是1943年石璋如率领的西北史地考察团，他们调查了泾、渭、雍三河流域的65处遗址，其成果集为《传说中周都的实地考察》（《“中央研究院”历史语言研究所集刊》20

－下，1949 年）、《周都遗迹与彩陶遗存》（《大陆杂志》特刊 1，1952 年）、《关中考古调查报告》（《“中央研究院”历史语言研究所集刊》27，1956 年）等。下面让我们根据这些论述，来看一下 5 座都城的位置。

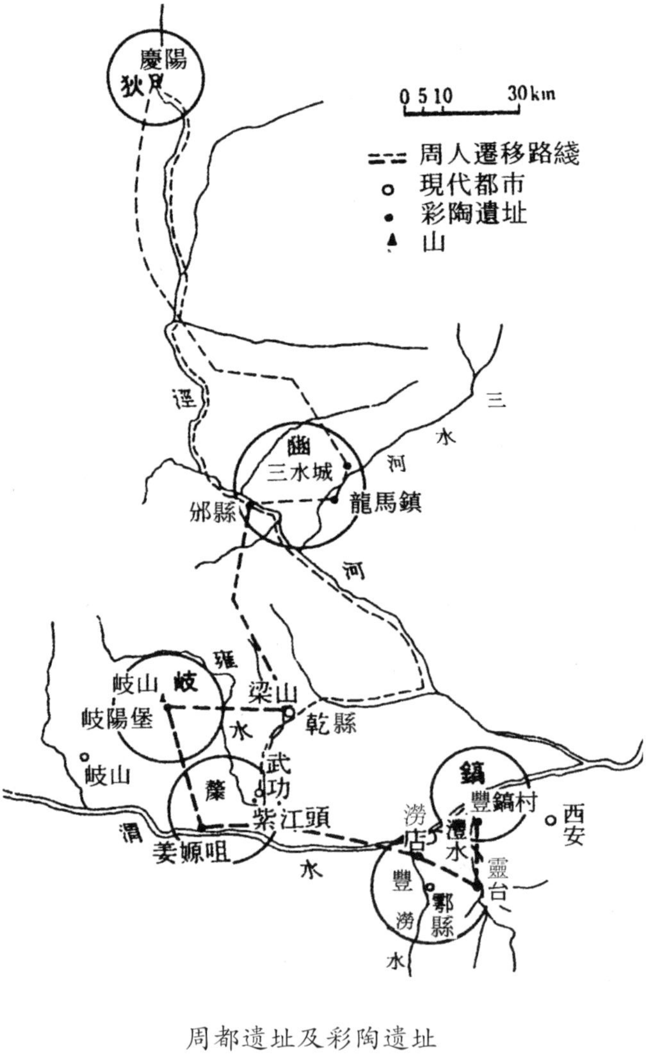

周都遗址及彩陶遗址

（引自石璋如《周都遗迹与彩陶遗存》）

关于“邰”，《史记正义》引《括地志》中有两种说法，一说在“雍州县西南二十二里”，一说在“雍县南七里”。前者即今陕西省姜嫄咀，后者即今陕西省漆村，两种说法不知哪个是准确的。“豳”亦作“邠”，关于其位置，迄今有过多种说法。石璋如认为，《史记正义》引《括地志》中所谓“豳州新平县”即今天的彬县县城，这种观点更为妥当。“岐”据说就是今天的岐阳堡。以上三座都城离西安较远，而“丰”“镐”两都离西安很近。据《史记集解》引徐广之说，以及《史记正义》引《括地志》的说法，“丰京”位置相当于“雍州鄠县以东之灵台”。石璋如对这一带进行实地调查后认为，灵台附近地势略高，面积为南北约 700 米乘东西约 350 米，被称作“灵台”的是其东南一隅，这里地势更加高，或许就是丰都旧址。而关于“镐”，《史记集解》中徐广之说和《史记正义》引《括地志》，都认为在昆明池以北的丰镐村，石璋如亦支持这种说法。

但关于五都之中丰和镐的位置，战后再度成为了问题焦点。文献记载，丰在沣水（自西向北流经西安）之西，镐在沣水之东。因此，1951 年起对沣水沿岸开展考古调查时，对丰和镐也尝试着进行了重新探讨。黄盛璋《周都丰镐与金文中的莾京》（《历史研究》1956－10）一文中，就丰京的所在，对石璋如所言的“丰西灵台说”进行反驳，说应该在唐长安县西北 40 华里、沣水下游的左岸；而对于“镐”，则认为在长安西北 18 华里，昆明池以北。其后王世民又在《周都丰镐位置商榷》（《历史研究》1958－2）一文中否定了黄盛璋的说法，重新提出了“丰在灵台一带，镐在北昆明池南端”的主张。其后，随着沣水一带考古调查的进展，胡谦盈利用其成果发表了《丰镐地区诸水道的踏察——兼论周都丰镐位置》（《考古》1963－4）一文，推定丰京在沣西客省庄、张家坡、西王村、马村一带，镐京在沣东洛水村、上泉北村、普度村、花园村、斗门镇区域，因为在这一带的遗址中发现了西周的居住遗址及墓葬。不过，都城的遗址仍然没有被发现。

丰与镐

接下来看一下文献中描绘的丰镐两京。关于“丰”，《诗经·大雅·文王有声》这样写道：

文王受命，有此武功。既伐于崇，作邑于丰。文王烝哉！
筑城伊淢，作丰伊匹。匪棘其欲，遹追来孝。王后烝哉！

根据注释，“筑城伊淢”的“淢”，指方十里一成之地外的壕沟。从这首诗可知，丰京有版筑的城墙，周围引沣水为壕沟。关于“镐”，《诗经·大雅·文王有声》也有描述：

镐京辟雍，自西自东，自南自北，无思不服。皇王烝哉！
考卜维王，宅是镐京。维龟正之，武王成之。武王烝哉！

“武王成之”的“成”，一般解释为“成就”，但也有人解释为“城”。由此可以认为，镐京与丰京一样，也筑有城墙。但除此之外，我们还是一无所知。《诗经·大雅·绵》中描写了古公亶父作都于岐时的情景，先是龟卜定位，然后划分经界，为耕地修建垄沟，在城内建造宫室、庙、冢土（大社）、皋门（王宫最外一重大门）、应门（宫殿的正门）等。岐都既然如此，那丰镐城内也应该建有宫室、庙、大社等，但这些都尚未明确。

也有学者对丰镐的城墙表示质疑。如侯外庐在《中国古代社会史论》中指出，丰的金文“豐”是象形字，表示四周被树木围绕，因此丰都应是一座以树木为界的原始型城市，镐京也应该一样；而土城是建造东都洛邑时才开始使用的建筑方式，因此洛邑被称作“成（城）周”。但如果只看《诗经》，我们仍然不得不认为丰镐两京筑有城墙及护城壕沟。宫室以外的住宅应该都是半地下式的，根据《沣西发掘报告》，1956 年至 1957 年发掘客省庄西南 1.5 公里的张家坡遗址时发现的西周住宅，全部为半地下竖穴式。早期地层中发现的 11 处居住遗迹则分为两种，一种是长方形的半地穴式，一种是深穴式；而属西周晚期的共 22 处居住遗迹，均为小型的圆形半地穴式。因此可以认为，都城内及周边的普通民居都是半地下式的。

4. 秦都咸阳

对咸阳的考古调查

秦国于孝公十二年（前350）由雍城迁都至咸阳，自此直到子婴时期，咸阳都是秦都。因其位于九嵏山之南、渭水之北，山水皆阳，故称“咸阳”。自秦孝公至子婴，经历了较长的历史时期，所以咸阳在都市规划及建筑方面，或许发生过很大的改变。战国时期的咸阳，已进行过考古调查，就让我们先介绍一下这方面的成果。

该遗址是1959年至1961年期间由陕西省社会科学院考古研究所渭水队进行发掘的。遗址位于咸阳市东北10公里长陵站附近的长兴村、滩毛村、店上村、刘家沟、姬家道、赛家道、牛羊村及聂家沟一带。成果见《秦都咸阳故城遗址的调查和试掘》（《考古》1962－6），据此报告，共发现土墙2处、建筑基址12处、水道11处、水井70余口、陶窑1座、窖100余个。土墙之一自西姬家道沟以西向西，经赛家道沟、牛羊村，至聂家沟以东止，东西长104米，墙宽5.4—7.6米，现存土墙高度为4.9米，系夯土而筑。另一处土墙，自司家沟向南，至长兴村西北止，全长594米，不过从出土物判断，该墙为近代所建。

建筑基址几乎都集中在刘家沟、牛羊村及聂家沟以北的区域。拿基址中规模较大的一处6号来说，基址高出地面6米，东西长约55米，宽约28米。基址的西边发现了两处房屋遗迹，地面上涂着1.5厘米厚的掺有草的泥，上面还涂有0.7厘米厚的细泥、灰、石灰混合物。其中一座残存的房屋，南北长5.1米、东西长3.13米，墙厚1.45米，墙上有用红、黄、黑等颜料描绘的直线纹、几何纹、曲线纹等，屋内还留有铜器、铁钉和骨器等物。水道有两种形式，一种是地下圆形水管，一种是当时属于地面上的大型板瓦水道。水井的井口也有两种形式，一种方形，一种圆形。陶窑位于店上村西南约300米的渭水北岸，窑型为圆形，形制较小，直径为

1.32米，由窑门、火膛、窑床和烟道四部分组成。窖坑主要有滩毛村发现的长方形窖（保存陶器用的）和长陵东站北发现的一种窖（保存铜器、铁器用的）。

文献中的咸阳

以上考古调查，仅涉及咸阳的一小部分，所以还需要文献来补充。刚才说过，秦孝公至子婴期间，咸阳应该发生过重大变化，而变化最大的一次，当属秦始皇时期进行的大规模扩建工程。据《史记》卷六《秦始皇本纪》，秦始皇二十六年（前221）完成统一大业的当年，有如下记载：

> 徙天下豪富于咸阳十二万户。诸庙及章台、上林皆在渭南。秦每破诸侯，写放其宫室，作之咸阳北阪上，南临渭，自雍门以东至泾、渭，殿屋复道，周阁相属。所得诸侯美人钟鼓，以充入之。

《史记·秦始皇本纪》二十七年（前220）、三十五年（前212）又载：

> 焉作信宫（指长信宫）渭南，已更命信宫为极庙，象天极。自极庙道通郦山，作甘泉前殿。筑甬道，自咸阳属之。
>
> 始皇以为咸阳人多，先王之宫廷小，吾闻周文王都丰，武王都镐，丰镐之间，帝王之都也。乃营作朝宫渭南上林苑中。先作前殿阿房，东西五百步，南北五十丈，上可以坐万人，下可以建五丈旗。周驰为阁道，自殿下直抵南山。表南山之颠以为阙。为复道，自阿房渡渭，属之咸阳，以象天极（天上紫宫中的十七星）阁道绝汉抵营室也。阿房宫未成；成，欲更择令名名之。作宫阿房，故天下谓之阿房宫。隐宫徒刑者七十余万人，乃分作阿房宫，或作丽山。发北山石椁，乃写蜀、荆地材皆至。关中计宫三百，关外四百余。

根据上面《史记》中的记载，秦始皇时期进行的扩大工程，主要是在渭水南岸一带营建了长信宫、阿房宫等。而且值得关注的是，其规划参照天文知识，南岸的长信、阿房象征天极星，渭水象征天河，而北岸的咸阳象征营室星。不过，据章炳麟说，信宫的“信”是暂宿的意思，因此渭水南岸的宫殿不过是“暂宿”之地，大本营还是在渭水北岸。

渭北的宫殿称“咸阳宫”，《史记·秦始皇本纪》三十四年载秦始皇曾“置酒咸阳宫”，三十五年载“（始皇）听事，群臣受决事，悉于咸阳宫”，可见秦始皇时，咸阳宫是正式的行政场所。那么咸阳城内的街市到底是什么样呢？据《华阳国志》卷三载，秦惠王时张仪和张若在成都修建的城市为方形，“周回十二里，高七丈。……修整里阓，市张列肆，与咸阳同制”。“阓”即市场的门，依成都之事例来类推，咸阳城内也应该分为若干个里坊，市场设在固定的场所，有市门和列肆。不过，咸阳城内宫殿及里、市的位置都尚未明确。

秦在咸阳营建的大规模都城，成为后来汉长安城的基础。

二　汉代的长安

1. 长安城的建设

汉以前的长安

长安虽然是汉王朝新建的都城，但并不是在没有任何聚落和建筑物之地开辟出来的。据《三辅黄图》记载，汉长安城原来是秦的离宫，汉宫“长乐宫”即原秦“兴乐宫”。《三辅黄图·秦宫》载，兴乐宫方圆二十里，秦始皇时建，汉对其进行了修缮。汉修缮之前的兴乐宫面积虽然不得而知，但应该与汉长乐宫处于相同的位置，位于汉长安城的东南部。

《三辅黄图》还列举了其他一些原属秦代的宫殿、台、池、桥等。首先，兴乐宫的附属建筑有鸿台、鱼池、酒池等。据说鸿台建于秦始皇二十七年（前220），高四十丈，因秦始皇曾在这个台上射过飞鸿，故名“鸿台”；鱼池、酒池在汉长乐宫时仍存在，正是秦始皇时所建。此外还列有一些汉长安城郊外的建筑，如甘泉宫、宜春宫、横桥、渭桥等，并说汉上林苑也是利用秦时旧苑改造的。甘泉宫别名“云阳台”，位于甘泉山附近，方圆十余里。宜春宫是秦时离宫，位于长安城东南。横桥和渭桥也是秦时所建，后被汉代继承。

汉长安城建于秦咸阳与阿房宫之间略东处，这一地带分布着许多秦代的设施，这也是不足为奇的。

汉迁都长安的情况

关于汉高祖入主关中、平定三秦、称“渭南郡”的时间，一说为高祖元年（前206）（据《史记》卷十六《秦楚之际月表》、《汉书》卷十三《异姓诸侯王表》、《三辅黄图》等），一说为高祖二年（据《汉书》卷一《高帝纪》、《汉书》卷二十八《地理志》等），但如《汉书补注》所言，高祖元年应该更为妥当。据说，定都渭南郡是根据娄敬（高祖赐刘姓，故亦称刘敬）的奏请。《史记》卷九十九《刘敬传》（或《汉书》卷三十四《娄敬传》）载，刘邦打败项羽后，在诸将领的推举下，于山东定陶称帝；在对各位将军论功行赏后，刘邦西迁至洛阳，时为高祖五年。当时人们普遍认为，洛阳作为周朝的都城，曾长期和平统治中国，因此比起象征秦朝强硬政治的关中，应该选择定都在象征德治的洛阳，汉高祖最初也曾同意这种观点。不过后来，娄敬由齐地赴陇西戍边，途中谒见高祖，向他提出，关中最适宜定都。娄敬说，周与汉夺取天下的方式不同。周朝自后稷以来，代代积德驯民，像这样以德治国的，适合在洛阳定都，因为洛阳位于天下的中央，四方诸侯前来纳贡或外出服役，距离都差不多。但是，洛阳属于有德者易治、无德者易亡的一个地方，汉并非靠积德而是凭借武力夺取天下的，因此民怨还很多。秦之故地，四周有山，东边又是黄河，易守难攻，一旦发生危机，可以立即备下百万大军。而且关中土地肥沃，是所谓的“天府之国”，即使山东有乱，秦地也能够保全。

高祖将娄敬之说告诉群臣后，引起了激烈的争论和反对，因为大家都是山东出身。群臣力主定都洛阳，高祖一时无法决定，不过由于张良赞同娄敬的说法，最终还是决定了以长安为都城。张良之说见《史记》卷五十五《留侯世家》：

> 雒阳虽有此固，其中小，不过数百里，田地薄，四面受敌，此非用武之国也。夫关中左殽函，右陇蜀，沃野千里，南有巴蜀之饶，北有胡苑之利，阻三面而守，独以一面东制诸侯。诸侯安

定，河渭漕挽天下，西给京师；诸侯有变，顺流而下，足以委输。此所谓金城千里，天府之国也，刘（娄）敬说是也。

依照上述娄敬和张良的说法，汉确定以长安为都城的理由可以归纳为两条，一是因为其乃军事要冲，二是因为其乃农耕发达之地。接下来的问题是迁都长安的具体年代，据《汉书》卷一《高帝纪》，张良在向高祖力荐娄敬之说的那天，有“车驾西都长安”，那么就是高祖五年五月的事。《汉书》卷二十八《地理志》也有高祖五年置长安的说法。而且《高帝纪》还说“后九月，徙诸侯子关中，治长乐宫”。按照上述记载，迁都长安、治长乐宫，应该是高祖五年的事。

不过，《高帝纪》“七年二月”处还记载了一则著名的故事。说高祖到长安后，由丞相萧何负责营造未央宫，先建了东阙、北阙、前殿、武库和太仓。高祖见之大怒，对萧何说：“天下匈匈，劳苦数岁，成败未可知，是何治宫室过度也!”萧何回答道：“天下方未定，故可因以就宫室。且夫天子以四海为家，非令壮丽亡以重威，且亡令后世有以加也。”于是高祖转忧为喜，由栎阳（陕西临潼区东北）搬到了长安。据此，应当是高祖七年才正式迁都长安的，《三辅黄图·长安故城》也记载说，高祖七年造长安宫城，由栎阳迁至此宫居住。

那么长安迁都究竟是高祖五年还是七年呢？让我们依据《汉书·高帝纪》来查一查五年至七年之间高祖曾居住过的地方。高祖五年五月由洛阳赴长安，九月又至洛阳；六年，为擒获谋反的楚王信，高祖由云梦至陈，擒获楚王信后又回到了洛阳；同年三月归栎阳，每隔五日都去父亲太公处请安，七年二月由栎阳迁都长安。由上述记载来看，高祖五年只是决定了以长安为都，并开始对长乐宫进行修缮。《汉书·高帝纪》“五年后九月”处所言“治长乐宫”，应该就是着手修缮长乐宫（秦兴乐宫）之意。《史记》卷八《高祖本纪》七年之处有“长乐宫成”，《资治通鉴》卷十一也有“（高祖）七年十月，长乐宫成，诸侯群臣皆朝贺”，因此可知长乐宫直到高祖七年才修好。

除了长乐宫，还决定要新建未央宫。《汉书·高帝纪》没有明确记载未央宫的开工年代，只说高祖七年二月建成了东阙、北阙、前殿、武库和太仓。虽然《史记·高祖本纪》载萧何于高祖八年造未央宫，是年建成东阙、北阙、前殿、武库和太仓，但按照梁玉绳的观点，当以《汉书》的记载为准。

高祖七年，如果长乐宫和未央宫都建成了的话，那么丞相以下的官员也应该可以正式迁到长安，并开始都城的政事了。总的来看，高祖时期的长安，应该还只有南边以长乐宫、未央宫为核心的一部分，当时也没有城墙和城门。

长安城的建设工程

汉惠帝时期，长安才有了城墙、城门，成为一座名副其实的“汉城”。关于这一点，《史记》与《汉书》的记载也存在着差异。据《史记》卷九《吕后本纪》，惠帝三年（前192）长安城的工事开工，惠帝四年完成了其中的一半，惠帝六年全部完工。而据《汉书》卷二《惠帝纪》，则是惠帝元年正月开工，惠帝五年完工。关于完工的年代，《史记》卷二十二《汉兴以来将相名臣表》说是惠帝五年，《汉书》卷二十八《地理志》说是惠帝六年。《三辅黄图·汉长安故城》与《汉书·惠帝纪》的记载相同，说是元年正月开工，五年九月完成，看来这一说法应该是对的。如果是这样的话，那么从开工到完成，花费了五年零九个月，其间建造了城墙、城门，还应该进行了城内的地块划分和各种建筑物的建设。

有关工程的顺序，《史记》卷二十二《汉兴以来将相名臣表》有“孝惠元年始作长安城西北方”，《史记》卷九《吕后本纪》索隐引《汉宫阙疏》有“四年筑东面，五年筑北面”。如果这些史料值得信赖的话，那么应该是先建的西北部分，再建的东边和北边。南边的工事未见记载，这可能是因为南边已经建成了长乐、未央等宫殿，只剩下建城墙和城门了，而其他区域基本都还空着，工程量都比南边大得多。另外，《三辅黄图·汉长安故城》载“父老传云，尽凿龙首山之土为城”，可见是就近取土建造的城墙（龙首山在今西安市北郊）。

那么，都有哪些人参与了汉长安城的建设呢？据《汉书》卷十六《高惠高后文功臣表》载，一个叫阳城延的人，出身军匠，后入汉为少府，作长乐宫、未央宫，更筑长安城。这个阳城延，是一位土木建筑专家，他应该就是长安城建设的核心人物。阳城延的部下都是搞技术的，每个技术人员的手下又有许多劳工。《汉书·惠帝纪》中记载的劳工有两种：一种是居住在离长安城六百里以内的男女，汉惠帝三年春征 146 000 人，五年春征 145 000人，不过这种都是短工，两次的期限都是 30 天，这些人仅限于长安周边地区，且有男有女，因此应该是农闲期雇来的临时劳力；另一种是诸侯王列侯的“徒隶”，惠帝三年六月征 2 万人。“徒隶”指判了徒刑的囚犯，关于汉代徒刑犯参与土木工事和服其他劳役的情况，陈直有详尽论述，见《两汉经济史料论丛》所收《关于两汉的徒》一文。不过这里有个问题，长安城的工事始于汉惠帝元年正月，而上述两种劳工都是惠帝三年以后才被征用的，并且长安城附近的男女工人就只在惠帝三年和五年各被征用了一个月。也许《惠帝纪》仅对临时大量征用之事作了记录，而其他时间则可能是从每年服徭役的人中抽出来一部分来从事长安城建设的。

2. 长安城的形态

外形与城墙

关于汉长安城的形制，以往有过规则说与不规则说之争。近年，根据考古调查的结果，已确定为不规则形。汉长安城形状不规则的说法，早在《三辅黄图·汉长安故城》中就有，说其“周围五六里，城南为南斗形，城北为北斗形，均不规整”。根据吕大防《长安图》和李好文《长安志图》的汉长安城图来看，南侧和北侧的确不规则，而在吕大防的图上，西侧也是不规则的。

1956 年 10 月及 1957 年的 3 月和 10 月，中国科学院考古研究所对汉长安城的城墙和城门进行了部分发掘调查，其成果见王仲殊《汉长安城考古工作的初步收获》（《考古通讯》1957－5）和《汉长安城考古工作收获续记》（《考古通讯》1958－4）。据此报告，长安城的城墙均为版筑土墙，其坚固程度堪比砖墙；城墙之中，东侧与南侧保存较好，基本上是连在一起的，而西侧和北侧的城墙则有许多缺少的部分。报告还说，墙基宽度约16米（汉尺七尺），这与《三辅黄图》中所说的“下阔一丈五尺”大相径庭；而且城墙为下宽上窄，两面的斜度都是11度，上部的宽度也不止《三辅黄图》所说的“九尺”；高度因上部损坏而无法确定，但也似乎并非《三辅黄图》所说的“三丈五尺”。

接下来再来说城墙的长度及形态。根据实测结果，东侧城墙长5 940米，南侧6 250米，西侧4 550米，北侧5 950米，全长应该是22 690米，但报告上的数字是25 100米（相当于60汉里还多）。东侧城墙笔直，而其他三面均有曲折，如果加上这些曲折，说不定刚才的数字就对上了。而据文献记载，今本《汉旧仪》（《平津馆丛书》甲集）作“城方六十里”，而《史记·卷九·吕后本纪》索隐及《后汉书·郡国志》引《汉旧仪》作“城方六十三里”，《三辅黄图》作“周回六十五里”。实测结果似与今本《汉旧仪》最为接近。在形态上，除东城墙外均有曲折，其中北侧曲折最甚，达6处之多。而且北城墙西半边的方向不正，自城的西北角向东北方向倾斜。南城墙中央部分向外凸起，而且西半边与东半边也不在一条直线上，前者比后者要偏南一些。以上这些都符合《三辅黄图》的记述。此外，考古证实，西城墙中央部分也有曲折，而且南半边比北半边要偏西一些。

形状不规则的理由

如上所述，汉代的长安城为不规则形。那为什么会建成这样不规则的形状呢？关于这点，有着各种各样的说法。

第一种是天文说。这一说法根据《三辅黄图》中“城南为南斗形，城北为北斗形”的记述，认为长安城是依照天文而设计的。依照天文而设计的都城，除了汉长安城，自古就存在，如《史记》卷六《秦始皇本纪》所言，秦始皇“作信宫渭南……象天极”，“自阿房渡渭，属之咸阳，以象天极阁道”，《三辅黄图·咸阳故城》也说，秦始皇于咸阳都内引渭水以象天汉。不过，汉长安城也属于此类吗？汉长安城形制不仅南北两侧不规则，西侧也不规则，而《三辅黄图》中却没有对西侧城墙作任何说明。恐怕汉长安城当初并非依照天文而设计，是后来《三辅黄图》将南北城墙的不规则与天文联系在一起的。

第二是地形说。明代范守己的《雍谭》（见于《四部丛刊》本《天下郡国利病书》卷二十五《陕西上》）中有如下记载：

> 故长安城在今西安府西北，北临渭水。《三辅旧事》曰：“城南为南斗形，北为北斗形”，今观城形，信然。及阅汉（书）志及班（固）、张（衡）二赋，皆不言及。后见长安故图，其城南面三曲，正南曰安门，亦曰鼎路门，独凸出向前，左曰覆盎门，右曰西安门，各缩后数丈。北面亦三曲，东北独凸出数丈，其西以渐而缩。东北第一曲无门，次西一曲有二门，东曰厨城门，西曰洛门，又次西一曲无门，又次西一曲有一门，曰横门。东面无曲，其直如引绳，有三门，中曰清明门，北曰宣平门，南曰霸城门。西面二曲，西南独凸出，亦有三门，中曰宣城门，在曲中，西北向，南曰章城门，西向，北曰雍门，亦西北向。盖其城沿渭水而筑，故其曲折皆随水浒，初非有意为斗形也。唐人谓为北斗城，偶以形似言之耳。

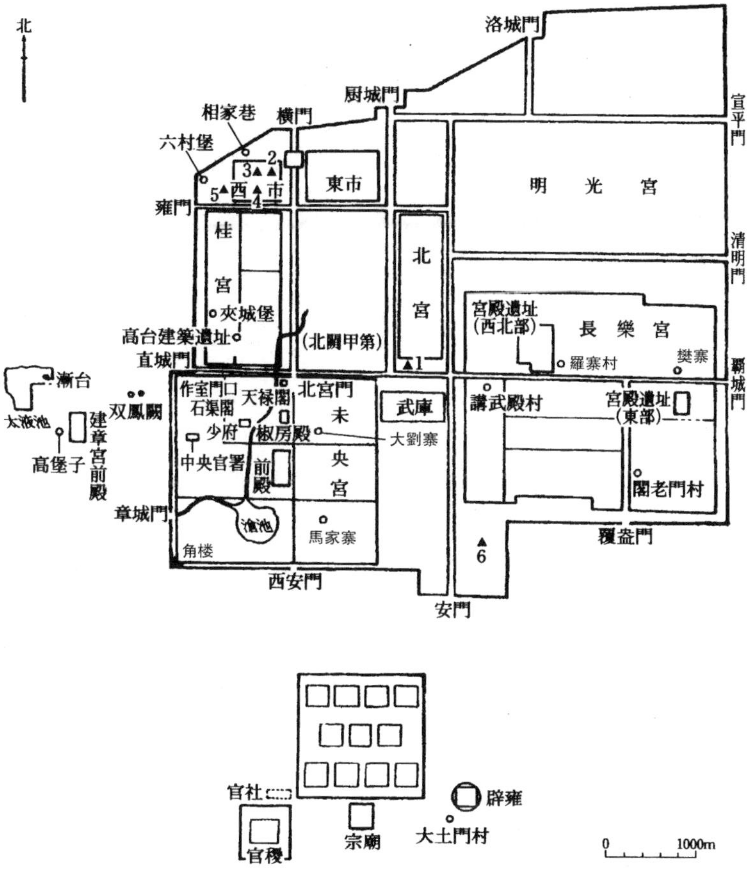

汉长安城遗址平面图

［“学术文库版后记”文献（21）］

1. 北宫南部的烧砖官窑遗址　　2. 铸币遗址

3. 烧制陶俑的官窑遗址　　4. 冶铸遗址

5. 民营制陶作坊遗址　　6. 高庙遗址

根据这一说法，汉长安城是因为依地形即临渭水而建，所以造成了形状不规则。但这一说法只能作为解释北城墙不规则的理由，在西南两侧城墙的问题上并无说服力。

第三是地形加避开既存宫殿市街说。李好文《长安志图》卷中《图志杂说》中有如下记载：

予尝以事理考之，恐非有意为也。盖长乐未央，酂侯所作，皆据冈阜之势。周二十余里，宫殿数十余区，惠帝始筑都城，酂侯已没，当时经营必须包二宫在内，今南城及西两方凸出，正当二宫之地，不得不曲屈以避之也。其西二门以北，渭水向西南而来，其流北拒高原，千古无改。若取东城正方，不惟大宽，又当渭之中流，人有至其北城者，言其委曲迂回之状，盖是顺河之势，不尽类斗之形，以是言之，岂后人偶以近似而目之也欤。

根据此说，长安城内先有长乐宫和未央宫，而西南两侧的城墙是后来围绕这两座宫殿而建的，因此才会凸出；北城墙则是因依渭水而建导致的不规则。那波利贞在《中国都邑的城郭及其起源》（《史林》10－2）一文中，对此说进行了进一步阐发，他指出，汉长安城是在自由营建宫殿市街后才修筑的城墙，因为城市是自由发展起来的，所以周围的城墙也自然会有曲折。

我的想法与第三种，特别是那波利贞的观点较为相近。不过，我不认为市街的发展只限于城墙内侧，关于这点，我将在后文详细阐述。

长安城的城门

据古籍记载，汉长安城每侧有 3 个城门，四面共有 12 个城门。如《三辅黄图》对都城的 12 个城门记载如下：

①东出南头第一门霸城门（别名青城门、青门，《庙记》作青绮门，王莽时期作仁寿门无疆亭）

②东出第二门清明门（别名籍田门、凯门，《汉宫殿疏》作城东门，王莽时期作宣德门布恩亭）

③东出北头第一门宣平门（民间的东都门，王莽时期作春王门正月亭）

④南出东头第一门覆盎门（别名北门、下门、端门，王莽时期作永清

门长茂亭）

⑤南出第二门安门（别名鼎路门，王莽时期作光礼门显乐亭）

⑥南出第三门西安门（别名便门、平门，王莽时期作信平门诚正亭）

⑦西出南头第一门章城门（《三辅旧事》作光华门、便门，王莽时期作万秋门亿年亭）

⑧西出第二门直城门（别名龙楼门、直门，王莽时期作直道门端路亭）

⑨西出北头第一门雍门（别名西城门、函里门，王莽时期作章义门著谊亭）

⑩北出东头第一门洛城门（别名高门、鹳雀台门，王莽时期作进和门临水亭）

⑪北出第二门厨城门（王莽时期作建子门广世亭）

⑫北出西头第一门横门（别名光门，王莽时期作朔都门左幽亭）

据王仲殊说，宣平门和霸城门处城墙外凸，是因为它们内外有郭。另据《三辅黄图》，宣平门郭内称东都，由东都门至外郭亭十三里。此外，《水经注》卷十九《渭水注》说，北出西头第一门横门处“其外郭有都门，有棘门”。从以上记载看，有的城门是有外郭的。

12 座城门中，直城门、西安门、霸城门、宣平门等 4 座已经过发掘调查，下面介绍一下发掘的结果。首先看直城门，它是西城墙中间的城门，位于城墙西南角向北 2 145 米处，靠曲折处北侧。直城门发现了 3 个门道，中间门道宽 7.7 米，两侧门道宽均为8.1米，门道与门道之间间隔 4.2 米。接下来看西安门，它是南城墙最西边的城门，位于西南角向东 1 475 米处。西安门应与直城门一样，也有 3 个门道，但只发现了中间和东侧的两处，门道宽均为 8 米，中间间隔约 14 米。霸城门是东城墙最南边的城门，距东南城角 1 410 米，也有 3 个门道，但只发掘到了南侧的 1 处，宽 8 米；其余两个门道位于路渠当中，已经遭到破坏，只在渠中发现了石础，门道宽度均为 8 米，中间间隔 14 米，规模同西安门。最后是宣平门，它是东城墙最北边的城门，此门保存状况较好，3 个门道都还完整存在，每个门道宽度都是8米多，门道之间的间隔是4米多。

目前已经公开实测结果的，就只有上述4座城门。4座城门都是3个门道，每个门道宽8米左右，差别不大。只是门道之间的间隔距离有两种：一种间隔达14米，像西安门和霸城门；另一种间隔才4米，像直城门和宣平门。王仲殊指出，门道之间的间隔大，说明城门本身也会更加雄伟，因此他推断，霸城门和西安门分别对着长乐宫和未央宫，因此门道间隔较大，而直城门和宣平门则只是普通城门，因此门道间隔小。

城门的形状及建筑方式，被认为与汉代画像石上所见的城门一致。画像石的函谷关东城门，城阙之上筑有门楼，长安城的城门也应该如此。不过，函谷关的东门只有两个门洞，这点与长安不同。此外，在长安霸城门和直城门南侧门道的南边，以及西安门里两个门道中间紧挨城墙的地方，都发现了房屋遗迹，每处至少有两三间，这被推断为守门人所居，当时的房屋数量应该还多于考古发现。

长安的街道

如上所述，汉长安城的城门有3个门道，已经被考古发现证实。而这点其实早在古代文献中就有记载了，如班固《西都赋》(《文选》卷一)、张衡《西京赋》(《文选》卷二)、《三辅决录》(《说郛》《知不足斋丛书》等所收)等，均记载一座城门设有三个门道。这里要说的是门道与车轨的关系。对于《西京赋》中的“方轨十二”，薛宗注曰：一面有三门，一门有三道，一道可并四轨，三道即十二轨。王仲殊最初认为，十二轨共计22米宽，因为一轨为八尺，十二轨即为九十六尺，而根据河南省辉县琉璃阁发现的战国时期车轨，一轨是1.8米(《辉县发掘报告》称，发现了1.4—1.9米不等的若干种车轨)，因此而推断出十二轨是22米。不过，长安霸城门发现的汉代车轨，实测结果是1.5米，那么十二轨就应该是18米。但之前已经说过，每个门道是8米，3个门道就有24米，这与十二轨共计18米的计算结果有偏差。对此，王仲殊解释说，门道两侧有立柱，每个立柱宽度为2米，三个门道的立柱即占6米宽，那么实际可以走车的地方就是

24 米减去 6 米，正好是 18 米，与十二轨的宽度一致。以上是关于城门处的道路，那么城内的街道如何呢？据《三辅黄图》载，长安有“八街九陌”。“街”指南北向道路，“陌”指东西向道路。而关于具体的“街”的记载，《三辅黄图》只涉及了香室街、夕阴街、尚冠前街、华阳街、章台街和藁街等 6 处。

街、陌等大路，应该分为 3 种。《汉书》卷十《成帝纪》中载有如下逸事：“元帝即位，帝为太子。……初居桂宫。上尝急召，太子出龙楼门，不敢绝驰道，西至直城门，得绝乃度，还入作室门。上迟之，问其故，以状对。上大说，乃著令，令太子得绝驰道云。”据应劭注，“驰道”为天子专用通道，即所谓的中道。也就是说，三道之中，中央一条为驰道，天子之外的人不得通过，因此身为太子的成帝选择走北边的道路，向西行至直城门。另据《汉书》卷七十二《鲍宣传》云：“丞相孔光四时行园陵，官属以令行驰道中，宣出逢之，使吏钩止丞相掾史，没入其车马，摧辱宰相。”据如淳注，即便有使者被允许走驰道，他们也只敢走路两边，而把中央三丈空出来。从上述记载亦可知，城内的大路由三道构成，中间是天子走的“驰道”，其他人没有天子的允许不可以走驰道，即便得到允许，也只敢在驰道的边缘行走。看来，街道的设计中体现了以天子为核心的观念。

城中的闾里

汉长安城内的区域划分情况，可以参考《三辅黄图》中关于“闾里”的记载。长安城内的区划称为“里”，总数为 160 个，其中 10 个里的名称有记载，它们是：宣明、建阳、昌阴、尚冠、修城（宋敏求《长安志》作“修成”）、黄棘、北焕、南平、大昌、戚。此外，《汉书》卷七十六《赵广汉传》可见“穷里”之名。《史记》卷一〇三《万石君传》有“自戚里移至陵里”，《索隐》《正义》以为陵里指茂陵，但刘攽以为指长安之里。总共 160 个里中，我们只能知道其中很少一部分的名称，而且其总数本身，在整个西汉时期中也应该发生过很大的变化。如《汉书》卷十二《平帝纪》记载，平帝时期新设了5个里，将其分为200个居住区，供贫民居住。这“五里”与之前所举的总数160个里之间是什么关系，我们无从知晓。也许长安城内本就有空地，有条件新设一些“里”。

那么，作为都城区划的“里”到底是什么形态呢？宫崎市定《汉代的里制与唐代的坊制》（《东洋史研究》21－3）一文中作如下推测——1956年5月河北省文化局文物发掘组发掘的河北省午汲镇北的西古城（也叫午汲古城）遗址，是一处东周至西汉年间的聚落遗址，它有着东西长889米、南北长786米的长方形城墙，墙高3至6米，墙基宽8至13米。城中心有一条6米宽的贯穿东西的大路；南北方向共有4条道路，宽度都是25米。这些道路将城内分为10个区域，即汉代所谓的“里”，每个里也都有墙垣围绕。根据上述宫崎的观点，汉代的“里”应为东西狭长形。

那么长安城的情况又如何呢？如前所述，长安城的整体形态是东西长、南北短，城内的道路有八街（南北向）、九陌（东西向）。从此来看，里的形态也应该是东西长、南北短。此外，按照《三辅黄图》“门巷修直”的说法，里有里门（闾），里的内部由“巷”细分为许多区域，区域内的住宅用地也是分割好的。住宅用地按照所占面积分为甲乙等，甲等有“甲第”“甲第一区”“第一”等称呼，被允许拆掉里墙，面向大路开门。宫崎认为只有“万户侯”才享有这样的特权，但似乎也未仅限于万户侯。如《史记》卷九十五《樊郦滕灌列传》载，天子赐夏侯婴“北第第一”，北第即邻近北阙（帝城北门）的住宅，可以面向大路开门；而据《汉书·高惠高后文功臣表》，夏侯婴的级别是六千九百户。再如《汉书》卷二十五《郊祀志》载，栾大家也是“甲第”，而从《汉书》卷十八《外戚恩泽侯表》中可知，栾大的级别才三千户。不过虽然如此，当时得赐甲第的人，应该还是仅限于贵族阶层的。

长安的水渠

汉长安城的周边及城内，都开凿有水渠。周边的有长安城东南边的昆明故渠（漕渠）、沿东南城墙的王渠、沿西北城墙的泬水枝津等，穿城而过的有明渠（泬水枝渠）。以上这些渠，在中华人民共和国成立后得到了实地调查，其成果见黄盛璋《关于〈水经注〉长安城附近复原的若干问题》（《考古》1962－6）。让我们根据考古调查的结果，对这些渠进行更加详细的了解。

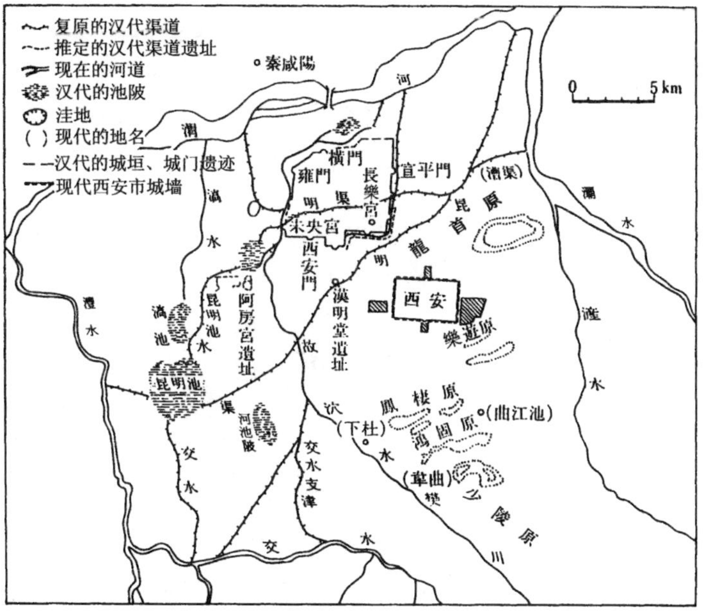

汉长安附近的水渠（《中国地理名著选读》）

（1）昆明故渠（漕渠）

它是汉武帝元光六年（前129）在郑当时的建议下开凿的。当时因渭河水运困难而建，对后世的水运贡献巨大。

《水经注·渭水》云："渭水东合昆明故渠，渠上承昆明池东口，东迳河池陂北，亦曰女观陂。又东合泬水，亦曰漕渠。又东迳长安县南，东迳明堂南……故渠又东而北屈，迳青门外，与泬水枝渠会。"

黄盛璋的实地调查结果如下——昆明故渠的发源地昆明池以及池东河池陂（女观陂）的遗迹都还在。与泬水汇合之地，在今鱼化寨附近，渠道由此继续往东北方向，再流经汉明堂北。由昆明池到此，中间零星还有一些遗迹，再往后就找不到了。黄盛璋最初认为漕渠和王渠各有所在，但后来又指出，自明堂流向东北的漕渠，与王渠重合，流经覆盎门、霸城门（青门）外后，与泬水枝渠汇合。由此继续向东北方向，在今池底村附近分为两支，一支向北入渭河，一支向东入灞河；后者是中华人民共和国成立后由西安建设局发现的。

（2）王渠

该渠位于汉长安城的覆盎门及青门之外，围绕东南城角，向北流入渭河。《水经注·渭水》云："故渠又东出城，分为二渠，即《汉书》所谓王渠者也。苏林曰：王渠，官渠也，犹今御沟矣。晋灼曰：渠名也，在城东覆盎门外。一水迳杨桥下，即青门桥也。侧城北，迳邓艾祠西，而北注渭，今无水。"晋灼所说的"城东覆盎门"当为"城南"之误，可以肯定的是，王渠由覆盎门流向青门（霸城门）。苏林（三国时期人）说它类似于御沟，而据《三辅黄图·杂录》，长安的御沟亦称"杨沟"，因沟上种有"高杨"而得名。由此可知，这条渠自汉代就有了"御沟"的别称，而且渠边种着高大的杨树。

足立喜六指出：沿故城南壁有壕沟痕迹，深十尺（现代尺，下同），宽二百尺。自城墙西端并城墙而行，穿过安门的凸出部向东，沿城墙外折而向北，行二华里后再向东，至龙首原中消失。这就是所谓的漕渠遗迹。（《长安史迹研究》之"漕渠遗迹"）。足立所说的"漕渠"中，自安门向东，再沿城墙向北的部分就是王渠。黄盛璋的调查报告中也说，汉城的南城与东城外角有古代沟渠。

那么王渠的开凿目的何在呢？据崔豹《古今注》所引某人曰，长安的御沟又名"羊沟"，是为防止羊破坏垣墙而建。不过这个说法似乎不大妥当。据黄盛璋推测，覆盎门到青门之间的部分，与昆明故渠一样，是用来运送物资的，明渠的注入就是为了增加漕运的水源；而自青门向北注入渭河的部分，主要是为排水，也兼有泄洪的功用。

（3）明渠（泬水枝渠）和泬水枝津

据《水经注·渭水》，泬水枝渠和泬水枝津乃不同所指。钟凤年曾在《评"水经注选释"》（《考古》1961－5）一文中提出，两者所指相同；而经黄盛璋1957年实地调查阐明，两者不能视为同一个渠。

泬水枝渠，自泬水流至城西南，由章城门附近入城，经未央宫北向东，由霸城门附近出城，一分为二。一支注入杨桥下，沿城墙向北，注入渭河；一支向东流入昆明故渠。而泬水枝津呢，自直城门附近，沿城墙外流向西北方向，经邓艾祠南向东，分为两支。一支流向东北，注入渭河；一支向东，进逍遥园，注入藕池。泬水枝津的用途还不甚明确，但泬水枝渠的功用被认为有三条：第一是为城内供水；第二是排水；第三是为漕运提供水源上的增援。

3. 主要建筑物

汉长安城的宫殿

长安城的中心地带，是宫殿及其附属设施。下面列举一下其中的主要建筑。

（1）长乐宫

宫殿之中，只有长乐宫是秦代就有的（秦作兴乐宫）。它位于城内东南部，覆盎门附近。据《三辅黄图·汉宫》载，周围二十余里，前殿东西长四十九丈七尺，有鸿台、临华殿、温室殿，以及信宫、长秋殿、永寿殿、永宁殿等四座大殿。信宫、长秋殿、永寿殿、永宁殿四殿，秦时已经存在，起初汉高祖居住在此，后为太后所居，自惠帝至平帝时期，皇帝都住在未央宫，这四殿便成为了后妃们的居所。临华殿在长乐宫前殿的后边，为武帝时期所建。温室殿，有说在长乐宫，有说在未央宫，不甚明确。

（2）未央宫

未央宫在城内西南部，安门附近。前文已提到过，萧何时期建造了东阙、北阙、前殿、武库、太仓，极其宏大壮丽。《史记》卷八《高祖本纪》《索隐》引《说文解字》云，阙即门观，高八十丈，东阙名苍龙，北阙名宣武。西面和南面没有门阙，《史记正义》引颜师古之说云，是因为萧何依据了厌胜之术；而《索隐》说还因为秦代的建筑都在渭水北岸，所以东北有阙会更加方便。前殿也叫路殿，是天子召见群臣的地方。武库即兵器库。太仓即存放谷物之地，《三辅黄图》说，仓在长安城外东南。

关于未央宫的整体规模，《西京杂记》卷一载“未央宫周回二十二里九十五步五尺，街道周回七十里，台殿四十三，其三十二在外，其十一在后。宫池十三，山六，一池一山亦在后。宫闼总九十五”；《三辅黄图·汉宫》载“未央宫周回二十八里，前殿东西五十丈，深十五丈，高三十五丈”。看来两者关于周长的记载有一些出入。未央宫的面积应该与长乐宫大致相同，只不过未央宫内的建筑物要比长乐宫多得多，让我们通过《三辅黄图》的记载来了解一下。

未央殿北有宣室（未央前殿正室）、温室殿和清凉殿；东有宣明殿、广明殿；西有昆德殿、玉壶殿。其他还有未记载明确位置的，如麒麟殿、金华殿、承明殿、掖庭宫、高门殿等。还有武帝时期建造的“后宫八区”即昭阳、飞翔、增成、合欢、兰林、披香、凤凰、鸳鸯，加上后来建造的安处、常宁、茝若、椒风、发越、蕙草等殿，就有14座。

上述宫殿中最让我感兴趣的，是温室殿和清凉殿。温室殿是汉武帝时期为冬季取暖而建，墙体涂花椒，再以纹样精美的刺绣品覆盖；殿内设有香柱、火齐屏风、鸿羽帐等，地面铺设着罽宾（克什米尔地区的古国名）出产的氍毹（毛织的地毯）。而清凉殿则是为夏季纳凉而建，也叫延清室。殿内设有雕刻着锦文的石床、紫色的琉璃帐、紫玉盘等，还在千途国进贡的玉晶制成的盘内存放冰块。

除了上述宫殿以外，还有许多附属设施，主要有凌室、织室、暴室、弄田、内谒者署、金马门宦者署、路軨厩等。凌室是贮冰用的。织室是制作有刺绣纹样的郊庙服的地方，曾有一段时期分为东西两室。暴室是掖庭（后妃、宫女所居）织物、染色之所。弄田是天子燕游之地。内谒者署是掌管宫中布帐（贵人通过时在路上设置的帷帐）等事务的。金马门宦者署是看守汉武帝为大宛马所立铜像的人住的，但具体职务不详。路軨厩也叫

“未央厩”，是管理宫中车马的。

足立喜六对未央宫遗址调查的结论是：未央宫遗址是一座东西长四百五十尺（现代尺，下同）、南北长一千五百尺的高台，由西安城西门上可以望见。此台分为南中北三个部分，南边高三到五尺，东西长四百五十一尺，南北长三百五十四尺，地势平坦，几乎呈正方形；中间部分东西长四百五十尺、南北五百余尺，也呈正方形，但地势由南向北渐渐隆起，呈缓坡状。最北边是一个三级高台，北部最高处，东西长三百三十尺，南北宽三十二尺，高四十六尺。这座长方形的高台上，立着一块康熙乙亥年（指康熙三十四年，即 1695 年）三月的石碑，上书“圣寿无疆，万岁万万岁”。南边的断崖处有两块平头的大花岗岩，应该是古时建筑所用。……未央宫集中了众多的宫殿楼阁，这个高台仅是残存的一小部分，我想这或许是未央宫前殿和宣政殿的遗址，周围排列着所谓的八十一殿、十四掖门。这个高台附近，堆积的汉代瓦片特别多，这也可以让我们想象到当时的壮观景象。(《长安史迹研究》之“未央宫遗迹”)

（3）北宫

位于未央宫以北，周围十里。初建于高祖时期，武帝时期又进行了增建和整修。宫内建有长宽五十步的前殿，以及寿宫、神仙宫等。孝惠皇后曾被废为北宫，孝成皇后也曾退居北宫，可知这应是后妃的退居之所。

（4）桂宫

亦位于未央宫以北，周围十余里。建于武帝时期。内有明光殿，据说所有帘箔均以金玉珠玑制成，大殿昼夜通明。此外还建有紫房复道，通往未央宫。

以上介绍的是长安城内的宫殿。城外还有建章宫、甘泉宫等。

（5）建章宫

它位于长安城西郊，建于武帝太初元年（前 104）。有的说周围三十里（《三辅黄图》引《三辅旧事》），有的说周围二十里（《水经注·渭水》）。它包括骀荡宫、驺娑宫、枍诣宫（枍诣是一种树木的名称，与柳树同类，据说此宫内栽满了这种树）、天梁宫等四个宫区。附近还建有鼓簧宫、神明台等，神明台据说是武帝为祭祀仙人所建，高五十余丈（《水经注·渭水》)，上有承露盘和仙人铜像，仙人张开手臂托举着铜盘和玉杯，接收云端的露水，据说人服用了露水与玉屑的混合物就可以得道。

1957 年修建铁路时，在高堡子村以西发现了一处遗址，疑为建章宫前殿遗址。

(6) 甘泉宫

前文曾提到过，甘泉宫又名“云阳宫”。甘泉之名源自甘泉山，位于今陕西省淳化县西北。秦始皇二十七年（前 220）建甘泉宫及前殿，并从咸阳铺设甬道至此。汉武帝建元年间（前 140—前 135）对此进行了扩建，周围达十九里，内有高光宫、林光宫、长定宫、竹宫、通天台、通灵台等。据说宫南还建有昆明池。

长安城的官厅

本节只涉及中央官厅。至于长安的地方行政机构，将在后面《行政制度》一节中加以介绍。不过，中央的官厅究竟设在何处？这方面的记载几乎找不到。

中央最高官厅首先有丞相、太尉和御史大夫，即“三公”，这是毫无疑问的。但关于其下“卿”的设置，则分为刘熙的“十二卿”之说和韦昭的“九卿”之说。十二卿指太常、太仆、卫尉、光禄勋、宗正、执金吾、大司农、少将、大鸿胪、廷尉、大长秋、将作大匠；九卿指太常、光禄勋、卫尉、太仆、廷尉、鸿胪、宗正、司农、少将。据和田清《秦汉十二卿考》(《加藤博士六十寿辰纪念东洋史集说》所收)，刘熙是汉末人士，他的说法应当可信。九卿以外所加的“三卿”是执金吾（原作中尉，汉武帝时改称)、大长秋、将作大匠，“九卿”的俸禄全部都是“中二千石”(译者注：据《汉书》,“中二千石”等并非俸禄，应为官秩，后文出现同类情况时不再作注)，而剩下的“三卿”则不一定。执金吾是中二千石；将作大匠本来是二千石，以后才变为中二千石；大长秋是二千石。从待遇有差异这点来看，应该原来只有九卿才对。

那么以上这些中央政府机关都具体在什么位置呢？让我们依次来看一看。

（1）丞相府

《史记》卷九十六《张丞相列传》以及《汉书》卷四十二《张周赵任申屠传》都记载了申屠嘉作檄文召邓通至丞相府的事，由此可知“丞相府”的确存在。另据《汉书》卷三十九《萧何曹参传》，曹参做丞相时“相舍后园近吏舍”，可知丞相的宿舍另有所在。不过，还是不知道丞相府在什么位置。《玉海》卷一六六《汉御史府》引蔡质《汉仪》说，司徒府（丞相府）与苍龙阙相对。“苍龙阙”即未央宫东边的门阙，那么是否可以就此推断，丞相府位于未央宫的东侧呢?

（2）御史大夫府

据《太平御览》卷二十七引卫宏《汉旧仪》，御史四十五人中的十五人，侍于殿内而住在石渠门外，其余三十人则留在御史寺（府）中。据《汉书》卷十九《百官公卿表》，殿内御史在兰台办公。御史大夫府的位置不详。《玉海》卷一六六《汉御史府》引《汉旧仪》说在司马门内，但《汉书》卷十《成帝纪》说，永始四年（前13）“夏四月癸未，长乐临华殿、未央宫东司马门皆灾”。颜师古注言，东司马门即东面的司马门，宫殿四面均有司马门。这样一来，御史大夫府就无法确定是在哪个司马门内了。另据《汉书》卷八十三《朱博传》，御史大夫府植有柏木，常有数千野鸟栖居其上；御史大夫的吏舍分为百余个区域。

（3）太尉府

不详。

以上是“三公”的官厅情况，下面看“九卿”的。

（1）郎中令（光禄勋）府

据《玉海》卷一二三《汉郎中令光禄勋》引《表》（盖为《汉书·百官公卿表》），这是把守宫殿掖门户的官职，并引如淳“郎中令府在宫内”之说。而现存的《汉书·百官公卿表》中无此如淳注，不知郎中令府是否真的设在宫中。

（2）卫尉寺

《汉书》卷十九《百官公卿表》言，卫尉乃是秦官，掌管宫门卫队。

对此，颜师古注引《汉旧仪》曰，卫尉寺在宫内；《汉书补注》引钱大昕之说，说卫尉寺所驻的宫门是未央宫门。其他如长乐、建章、甘泉诸宫亦设有卫尉，不过官名前都冠以所驻宫名。

（3）廷尉府

据《玉海》卷一二三《汉廷尉　大理》引《表》（盖为《汉书·百官公卿表》），廷尉亦是秦官，执掌刑辟；同时引颜师古注"端门之东言左执法，廷尉之象"。可知廷尉府的位置在端门的东侧。端门即宫殿正门，所以廷尉府应该是在未央宫端门的东侧。

（4）鸿胪馆

据《三辅黄图·杂录》，蛮夷邸位于长安城内的藁街，并说蛮夷邸就相当于鸿胪馆。

除上述几个以外，（5）太尉寺、（6）太仆寺、（7）宗正寺、（8）大司农寺、（9）少府寺等所在不详。从上面几个可以明确所在位置的中央官厅情况来看，大多数中央官厅应该就分布在未央宫内及未央宫外围。

4. 人口及其构成

长安县的户口数

汉代长安的户口数，每个时期应该有着很大的差异。《汉书》卷二十八《地理志》中的户口统计情况，一般被认为是平帝元始二年（2）的，更严格地讲，郡和王国的统计是元始二年的，而县和侯国的统计是成帝末期元延年间（前12—前9）的。（据牧野巽《中国家族研究》第393页）《汉书》为什么单单要记载元始二年的户口统计情况呢？一种观点认为，因为那是最后一次统计（《汉书补注》所引王鸣盛之说）；而另一种观点则认为，因为那次的户口数量最多（《汉书》颜师古注）。《汉书·地理志》的末尾有"民户千二百二十三万三千六十二、口五千九百五十九万四千九百七十八，汉极盛矣"；而且《汉书》卷二十四《食货志》也说，当时民众的富裕程度虽不及文景时期，但天下的户口是最兴旺的。因此可以认为，元始年间是西汉户口数量最多的时期。《汉书·地理志》有明确记载的三辅户口数及三辅所辖县户口数，可以整理为下面两个表。

	县 数	户 数	口 数
京兆尹	12	195 702	682 468
左冯翊	24	235 101	917 822
右扶风	21	216 377	836 070

	县 名	户 数	口 数
京兆尹	长安	80 800	246 200
左冯翊	长陵	50 057	179 467
右扶风	茂陵	61 087	277 277

从上表看，茂陵县虽户数不及长安县，但口数却在长安县之上。

长安城内的人口

长安县的人口中，似乎也包括城外的农村人口。那么长安城内究竟有多少人口呢？宇都宫清吉《西汉时代的都市》（《汉代社会经济史研究》所收）中，对当时的一般城乡人口比例做了推测，他根据《汉书·食货志》中李悝（战国初期魏文侯的臣下）的说法，将农民与非农民的粮食比例做了如下列表。

<table>
<tr><td colspan="2">粮食总收获量</td><td>150 石</td><td>占总收获量比例</td></tr>
<tr><td colspan="2">（1）农民</td><td>90 石</td><td>6/10</td></tr>
<tr><td rowspan="2">（2）非农民</td><td>田租</td><td>15 石</td><td>1/10</td></tr>
<tr><td>出售部分</td><td>45 石</td><td>3/10</td></tr>
</table>

按照上表的粮食生产总量来推算，当时农民与非农民人口的比例是6比4。那么西汉时期农民与非农民的人口比例，也应该还是6比4。占总人口十分之四的非农人口，包括官员和其他政要以及他们的家眷、仆从，还有军队、工商户和他们的家眷、仆从等。非农人口中，官员和军队的粮食，原则上是由国家从收来的田租中拿出十分之一来支付的，这部分人所

占的人口比例也是十分之一。那么，其余的十分之三就都是纯粹的居民了。拿长安县的具体情况来说，约占十分之三的城市居民是 82 066 人，约占十分之一的官员和军队是 27 355 人，约占十分之六的农民是 164 243 人。长安城内的总人口数应该是上述官员、军队和城市居民之和，即 109 421 人。

以上是宇都宫的结论，但人们对此抱有一定的疑问，因为作为汉都长安，这样的人口数字太少了。《史记》卷五十二《齐悼惠王世家》记载，临淄（山东省）仅户数就有 10 万之多。宇都宫解释说："长安在人口比例上，似乎不像它在政治上那么重要，那是因为陕西省地处西部，与东部诸多地方相比，其经济实力要落后得多。"但长安城内的人口数量是否真的就是宇都宫所推算的那样？人口比例小又是否真的是因为经济落后呢？这些都有必要做进一步的探讨。我认为，汉代长安城的人口数量，比宇都宫推算得要多一些。

首先我们要弄清城市的容积有多大。据《战国策·东周策》，韩国宜阳城（今河南宜阳）"方八里"（即周长三十二里），收容材士十万。如果仅"材士"就有 10 万的话，那加上其他居民就会更多，也就是说，"方八里"的地方至少是可以容纳 10 万人口的。长安城周围有 60 里还多，应该容纳比宜阳更多的人口。

不过，面积毕竟不能直接换算成具体的人口数字，还要从粮食上再做分析。《汉书》卷二十四《食货志》载有宣帝时期大司农中丞耿寿昌的一份奏折，说每年如果从关东运四百万石谷物至京师，需要动用六万兵卒，还不如从三辅、弘农、河东、上党、太原诸郡购买粮食来供应京师。虽然关东运送到京师的谷物数量不一定一成不变，但至少这里可以明确，宣帝时期每年是四百万石。而谷物的消费量，从战国时期就有记录，汉代的记录如《盐铁论·散不足篇》及崔寔《政论》等，说普通男子一个月的谷物消费量是"三斛"。另据《居延汉简》，十五岁以上男子每月谷物的配给量是"三石三斗三升少"，女子及七至十四岁男子是"二石一斗六升大"，七至十四岁女子和六岁以下男子是"一石六斗六升大"，六岁以下女子是"一石一斗六升大"。

从严格意义上来说，《居延汉简》的记载告诉我们，谷物消费量根据性别、年龄而各有不同。假如一个男子每月三石的话，一年就是三十六石，那么四百万石可以养活大约11万男子。要是换成女子，一个人每月二石，一年二十四石，那就可以养活16万人。如果再加上儿童的因素，整体上以成年女子的消费量为标准来推算的话，四百万石养活16万人是没有问题的。而且，京师似乎并非完全依赖由关东漕运谷物，据《汉书》卷二十四《食货志》记载，汉武帝时期徒刑囚及奴婢的数量很多，但靠漕运四百万石和国家购买的谷物，足够维持。不过，即便是超过16万，但与西汉总人口59 594 978相比而言，都城的人口还真不多。这样看来，宇都宫提出的陕西比东部经济落后的观点，或许有一定道理。

但《史记》卷一二九《货殖列传》却写得很清楚，说关中之地虽然只占天下的三分之一，人口也不过十分之三，而财富却占了十分之六。因此我认为，当时存在着以长安城为中心的三辅都市圈。尤其是帝王陵周边形成的陵邑，有高祖长陵、惠帝安陵、文帝霸陵、景帝阳陵、武帝茂陵、昭帝平陵、宣帝杜陵，七座陵邑住进了各地的名门望族、官僚富贵，成为长安城的重要卫星城。据《汉书·地理志》，这些陵邑的形成，除了奉侍陵园以外，还兼有“强干弱支”的目的。也就是说，凭借着陵邑与长安城的一体化，为汉室的权力强化发挥了作用。因此，虽然长安城内并未集中多少人口，但长安城与七陵一体化，形成首都城市群，就发挥出了它的威力。我想，将这个首都城市群称为“大长安”，应该还比较合适。

5. 行政制度

汉代的三辅

据《汉书》卷十九《百官公卿表》，管理京师的官职属中央直辖，秦代称“内史”，西汉景帝二年（前155）分为左内史和右内史，武帝太初元年（前104）又改右内史为京兆尹、左内史为左冯翊；还有秦代管辖列侯的“主爵中尉”，西汉景帝中元六年（前144）更名为“主爵都尉”，武帝太初元年又改为“右扶风”，管辖右内史之地。而据《汉书》卷二十八《地理志上》，“京兆尹”于武帝建元六年（前135）由内史改为右内史，太初元年改为京兆尹；“左冯翊”于建元六年由内史改为左内史，太初元年改为左冯翊；“右扶风”于武帝建元六年由内史改为右内史，太初元年改为主爵都尉，为右扶风。以上两种说法中分歧最大的，是内史分为左右的年代，《百官公卿表》作景帝二年，《地理志》作武帝建元六年。多数中国学者赞成《百官公卿表》的说法，而镰田重雄在《汉代的三辅》（《秦汉政治制度研究》所收）一文中提出，《地理志》的说法是正确的。

接下来探讨一下三辅官厅的所在地及管辖范围。据《三辅黄图·三辅治所》，京兆尹在故城南尚冠里，冯翊在城内太上皇庙西南，扶风在夕阴街北。《汉书·百官公卿表》颜师古注亦引《三辅黄图》曰，京兆尹在尚冠前街东入，右扶风在夕阴街北入，左冯翊在太上皇庙西入。而关于太上皇庙，《三辅黄图·宗庙》说它位于长安西北、故城之中、香室街南、冯翊府北；《关辅记》说它在酒池之北。至于管辖范围，据前出《汉书·百官公卿表》颜师古注引《三辅黄图》，京兆尹为长安以东，左冯翊为长陵以北，右扶风为渭城以西。而在《汉书》卷二十八《地理志》中，属于三者管辖的县名分别如下：

京兆尹辖十二县：长安、新丰、船司空、蓝田、华阴、郑、胡、下邽、南陵、奉明、霸陵、杜陵。

左冯翊辖二十四县：高陵、栎阳、翟道、池阳、夏阳、衙、粟邑、谷口、莲芍、鄜、频阳、邻晋、重泉、郃阳、祋祤、武城、沈阳、怀德、徵、云陵、万年、长陵、阳陵、云阳。

右扶风辖二十一县：渭城、槐里、鄠、盩厔、斄、郁夷、美阳、郿、雍、漆、栒邑、隃麋、陈仓、杜阳、汧县、好畤、虢、安陵、茂陵、平陵、武功。

据《汉书·百官公卿表》，京兆尹、右扶风、左冯翊的俸禄均为二千石，其下有丞各二人，俸禄为六百石。三辅各自的属官如下：

京兆尹：长安令、丞；市令、丞；厨令、丞；都水长、丞；铁官长、丞。

右扶风：掌畜令、丞；都水长、丞；铁官长、丞；厨长、丞；廱厩长、丞。

左冯翊：廪牺长、丞、卫；左都水长、丞；云垒长、丞；长安四市长、丞。

据《汉书》卷五十八《儿宽传》，上述三辅的职掌管理范围有劝农、水利、租税征收、课役、狱讼等。另据《汉书》卷七十六《赵广汉传》，对犯法和奸猾人员予以取缔，也在其职掌范围内。严耕望《中国地方行政制度史》中指出，京官职位特殊，与其他郡守不可同日而语。首先从朝贺的顺序看，三辅长官在其他郡守之上，三辅之中京兆尹为上，左冯翊为中，右扶风为下。其次，据孙星衍辑《汉官解诂》，三辅长官可以上奏和朝请。第三，三辅长官还可以直接参与朝政，据《汉书》卷七十六《张敞传》，张敞为京兆尹时，朝廷每有大事，他便博引古今之事，做出适宜处理，公卿都对他心悦诚服，称之为“列卿”。

即便是三辅中的下级官吏，其地位也要高于其他郡县。区别首先表现在待遇上，卒吏若在普通郡，俸禄都是一百石，而据《汉书》卷九十《循吏传·黄霸》，左冯翊卒吏的俸禄是二百石。其次表现在任用程序上，据《张敞传》，三辅官员无须通过孝廉或察举，就可以直接做尚书，成为吏补。第三体现在出身上，任用长官也不会避开本地户籍，任用属吏也不限定本地户籍。总之，三辅官员比起其他地方的官员，会格外受到重视，也会得到特别优厚的待遇。不过这样一来，三辅之地多贵人、高官和豪强，行政变得非常艰难。据《汉书》卷五十《汲黯传》，公孙弘任丞相时，曾上奏武帝，说右内史中贵人宗室多，难以管理，非重臣不能担当此职。

《汉书·百官公卿表》记载着三辅长官的变动情况，可知其变动相当频繁。任职时间较长的就只有王䜣（右扶风，9 年）、张敞（京兆尹，8 年）、咸宣（左内史，6 年）、赵广汉（京兆尹，6 年）、郑当时（右内史，5 年）、汲黯（内史，5 年）、隽不疑（京兆尹，5 年）、陈万年（右扶风，

5 年)、强（右扶风，5 年)、冯野王（左冯翊，5 年）等，其余大都任职在 3 年以下，1 年以下甚至短短几个月的也不在少数。

长安县的行政机构

长安城由三辅中的京兆尹管辖，属长安县。有关长安县的行政机构，几乎没有特别的史料记载。我认为，其行政机构应该与其他的大县一样，设有长安县令（一万户以上为令，一万户以下为长)、丞、尉。县令或县长的俸禄一般是三百到五百石，长安县令应该是五百石。尉和丞的俸禄一般是二百到四百石，长安尉和丞应该是四百石吧。

再看长安县尉、丞的定员问题。一般的县就一丞一尉，也有左右各设一尉的，但长安县似乎比其他要多一些。《居延汉简》释文卷一第二十页背面有“印曰长安右丞”字样，既然有“长安右丞”，就应该有“长安左丞”。据《后汉书·百官志》引《汉官》，洛阳置丞三人，各四百石。对此，严耕望指出，长安县丞也应该不少于三人。关于尉的情况，卫宏《汉旧仪》(《平津馆丛书》甲集）中说，长安县方六十里，尽属长安令，城中置左尉、右尉；另外还置有四尉，即城东和城南的广部尉、城西和城北的明部尉。

据《后汉书·百官志》本注，丞负责管理文书、仓、狱等，尉负责管理盗贼。令、丞、尉被称作“长吏”，由中央直接任命。长吏以下的情况不大明确，《后汉书·百官志》引《汉官》有“员吏七百九十六人，十三人四百石。乡有秩、狱吏五十六人，佐史、乡佐七十七人，斗食令史、啬夫、假五十人，官掾史、干、小史二百五十人，书佐九十人，循行二百六十人”(译者注：引文中个别“史”字，通行本作“吏”)，我想，长安县的情况也大概与此类似吧。不过，据《汉书》卷七十六《赵广汉传》记载，长安属吏中有长吏、游徼、狱吏等，似乎与洛阳的情况不尽相同，但从中至少可以了解到，长安县吏在定员及待遇等方面不同于其他一般的县。

长安的里

里是设置在县下的最小行政单位。前文已说过，长安城内总共有160个里，每个里都建有围墙和里门。《汉书》卷九十《酷吏传·尹赏》记载，尹赏任长安令后，监督户曹、掾史、乡史、亭长、里正、父老、伍人等，对长安城中的轻薄少年、恶棍、无证经营者、鲜衣（衣着艳丽者）、随意着凶服（丧服）者、着铠甲持武器者进行登记，结果发现了数百人。上述为长安令效力的人中，里正、父老和伍人应该就是里的管理者。“里正”是属吏，“父老”应该是指里中有权势和威望的人（据守屋美都雄《父老》，见《东洋史研究》14－1、2）。据颜师古注，“伍人”指同伍之人，即同属一个五人小组的人。

在里中，“父老”拥有着特殊的权力。《史记》卷一〇三《万石张叔列传》记载着下面的故事：“万石君徙居陵里。内史庆醉归，入外门不下车。万石君闻之，不食。庆恐，肉袒请罪，不许。举宗及兄建肉袒，万石君让曰：‘内史贵人，入闾里，里中长老皆走匿，而内史坐车中自如，固当！’乃谢罢庆。”连内史都必须要向里中的长老表示敬意，可见长老在里内的权威有多大。由此我们可以了解到，一方面，以长安为核心的首都圈有着超强的管理体制；但另一方面，在最末端的里中，被称作长老或父老的强势群体暗中掌握着社会的权力。

三辅的风俗

以上就是西汉首都圈行政制度的概要，而接下来我想再说说当时三辅的地方风俗。风俗似乎是当时地方行政所关心的头等大事，因为经常会进行这方面的考察。如《史记》卷一二九《货殖列传》中，对关中的地方风俗做了以下记述。

汉兴，海内为一，开关梁，弛山泽之禁，是以富商大贾周流天下，交易之物莫不通，得其所欲，而徙豪杰诸侯强族于京师。

关中自汧、雍以东至河、华，膏壤沃野千里，自虞夏之贡以为上田，而公刘适邠，大王、王季在岐，文王作丰，武王治镐，故其民犹有先王之遗风，好稼穑，殖五谷，地重，重为邪。及秦文、(孝)〔德〕、缪居雍，隙陇蜀之货物而多贾。栎邑北却戎翟，东通三晋，亦多大贾。(武)〔孝〕、昭治咸阳，因以汉都，长安诸陵，四方辐辏并至而会，地小人众，故其民益玩巧而事末也。

根据上述记载，关中本来是个土地肥沃、适于农耕的地方。秦文公、秦缪公时开始与甘肃、四川进行贸易往来，献公时期又与山西开展商业交易，于是商人越来越多，秦孝公、秦昭王时期至西汉建都，人口激增，商业鼎盛。这段文字大体反映了武帝之前的关中地方风俗，其中值得关注的是商业人口的增加以及商人们生活奢侈的倾向。

《汉书》卷二十八《地理志下》的末尾，也有一段关中地方风俗的记载，那就是汉成帝时的丞相张禹派属官朱赣对全国进行风俗考察后所作的汇报。

故秦地于《禹贡》时跨雍、梁二州，《诗·风》兼秦、豳两国。昔后稷封斄，公刘处豳，大王徙郊，文王作酆，武王治镐，其民有先王遗风，好稼穑，务本业，故《豳诗》言农桑衣食之本甚备。有鄠、杜竹林，南山檀柘，号称陆海，为九州膏腴。始皇之初，郑国穿渠，引泾水溉田，沃野千里，民以富饶。汉兴，立都长安，徙齐诸田，楚昭、屈、景及诸功臣家于长陵。后世世徙吏二千石、高訾富人及豪杰并兼之家于诸陵。盖亦以强干弱支，非独为奉山园也。是故五方杂厝，风俗不纯。其世家则好礼文，富人则商贾为利，豪杰则游侠通奸。濒南山，近夏阳，多阻险轻薄，易为盗贼，常为天下剧。又郡国辐辏，浮食者多，民去本就末，列侯贵人车服僭上，众庶放效，羞不相及，嫁娶尤崇侈靡，送死过度。

这一段主要说的是，昔日以农业为核心的社会风俗纯一，而汉代以后实行的移民长安政策，导致商人、无业者、盗贼等数量激增，加上权贵们生活奢侈，风俗已经大乱。报告主要是基于重农思想，对当时的都市生活进行了批判，不过，繁华长安的背阴处，的确有许多游侠、盗贼出没，扰乱了社会秩序。《汉书》卷七十六《张敞传》中，记载着下面的故事。

> （宣帝）时颍川太守黄霸以治行第一入守京兆尹。霸视事数月，不称，罢归颍川。于是制诏御史："其以胶东相敞守京兆尹。"自赵广汉诛后，比更守尹，如霸等数人，皆不称职。京师寖废，长安市偷盗尤多，百贾苦之。上以问敞，敞以为可禁。敞既视事，求问长安父老，偷盗酋长数人，居皆温厚，出从童骑，闾里以为长者。敞皆召见责问，因贳其罪，把其宿负，令致诸偷以自赎。偷长曰："今一旦召诣府，恐诸偷惊骇，愿一切受署。"敞皆以为吏，遣归休。置酒，小偷悉来贺，且饮醉，偷长以赭污其衣裾。吏坐里闾阅出者，污赭辄收缚之，一日捕得数百人。穷治所犯，或一人百余发，尽行法罚。由是枹鼓稀鸣，市无偷盗，天子嘉之。

由此可知，长安的市场里一时竟盘踞了数百名盗贼，并且已经形成了头目和喽啰分工明确的缜密组织。

另据《汉书》卷七十六《王尊传》载，成帝时南山里聚集了数百群盗，找吏民挑衅，王尊任京兆尹后将其平定。后来王尊遭御史大夫张忠弹劾，将被罢免之时，湖县"三老"上书为其求情，其言曰："长安宿豪大猾东市贾万、城西萬章、翦张禁、酒赵放、杜陵杨章等皆通邪结党，挟养奸轨，上干王法，下乱吏治，并兼役使，侵渔小民，为百姓豺狼。更数二千石，二十年莫能禽讨，尊以正法案诛，皆伏其辜。"由此可知，长安市中的颜役游侠，勾结徒党、欺负弱者，坏事做尽。张敞、王尊以及赵广汉、王章、王骏等人都对这些恶党进行过有力的惩治，不过结局都不太好。

6. 防御体制

长安的南军

有关汉代兵制及都城防御体系的先行研究很多，主要的有滨口重国《关于西汉的南北军》、《关于两汉的中央诸军》（两者均收于《秦汉隋唐史研究》上卷），贺昌群《汉初的南北军》（《中国社会经济史集刊》5-1），孙毓棠《两汉的兵制》（《中国社会经济史集刊》5-1），劳榦《汉代兵制及汉简中的兵制》（《“中央研究院”历史语言研究所集刊》10），西村元佑《汉代的徭役制度》（《东洋史研究》12-5），米田贤次郎《秦汉帝国的军事组织》（《古代史讲座》5）等。下面就参照这些研究成果，对汉长安的防御体系进一步做些思考。

《汉书》卷二十三《刑法志》有“京师有南北军之屯”，可知承担长安防御任务的是“南北军”。南军和北军，在防御区域、组织、士兵出身等方面都有不同。南军是保卫宫城即未央宫和长乐宫的军队，据说是因为未央宫和长乐宫在长安城的南半边，所以才把驻守在那里的部队称作南军。南军的长官是“卫尉”，据《汉书》卷十九《百官公卿表》，卫尉掌管宫门卫队，初设于秦代，景帝初年改名为“中大夫令”，后元元年（前143）又改回“卫尉”。卫尉之下有公车司马、卫士、旅贲及诸屯卫候司马等二十二官，另外还有非常设的长乐卫尉、建章卫尉、甘泉卫尉等。

上述部队本来就应该是中央军了，不过，担当宫城防御的，还有“郎中令”。据《汉书·百官公卿表》，“郎中令”武帝太初元年（前104）改名为“光禄勋”，职掌宫殿的掖门户。掖门是正门旁边的小门（据《汉书》卷十《成帝纪》应劭注），这样的地方由郎中令来把守，说明他的军队是天子的亲卫队。郎中令的属官有大夫、郎、谒者、期门、羽林等，其中，大夫掌管论议，谒者负责传唤宾客和出使四方，因此这两个官职与防御并无直接关系。与防御有关的是郎、期门、羽林这些官职，“郎”负责守门，出行时则掌管车骑，下属有议郎、中郎、侍郎、郎中，这些均无定员，多者上千人。议郎和中郎的俸禄是比六百石，侍郎比四百石，郎中比三百石。另外，中郎手下设五官、左、右等三将，俸禄是比二百石；郎中手下设车、户、骑三将，俸禄是比一百石。“期门”负责手执兵器护从銮驾，初设于武帝建元三年（前138），位与“郎”同，无定员，多者千人；还设有仆射，俸禄比一千石，平帝元始元年（1）改名为“虎贲郎”，下设中郎将，俸禄比二千石。“羽林”负责护驾，官职次于期门，武帝太初元年（前104）初设，当时称“建章营骑”，后改为“羽林骑”。羽林设令、丞，宣帝时受中郎将和骑都尉监督，俸禄比二千石。另外，羽林官还负责收养战死者的子孙，教习他们五兵（颜师古作弓矢、殳、矛、戈、戟），这些人号称“羽林孤儿”。

《汉书》卷二十八《地理志》有“汉兴，六郡良家子选给羽林、期门，以材力为官，名将多出焉”，“六郡”，颜师古以为陇西、天水、安定、北地、上郡、西河。由此可知，加入羽林和期门的都是良家子弟，而且仅限于上述“六郡”出身的人。此外，《汉书·地理志》说期门、羽林汉初即已设置，而《汉书·百官公卿表》却说初设于武帝时期。《西汉会要》卷五十六《期门羽林》引注曰：“期门羽林皆宿卫之官，故属南军。”所以我认为情况或许是这样的：期门和羽林汉初就已经有了，不过初期属于南军，武帝时期改为由光禄勋管辖了。总之，郎、期门、羽林都是天子的亲卫队，负责宿卫。

长安的北军

南军负责宫城防御，而北军则负责长安的都城防御。北军的长官是“中尉”，俸禄是中二千石，其下属有两丞、候、司马、千人等。武帝太初元年，改中尉为“执金吾”，属官有中垒、寺互、武库、都船等四令丞，都船、武库设有三丞，中垒设有两尉。除此之外，武帝时期还设有“八校尉”，详情如下所列：

①中垒校尉（掌管北军垒门内及四城）

②屯骑校尉（掌管骑兵）

③步兵校尉（掌管上林苑门驻兵）

④越骑校尉（掌管越骑。“越骑”，如淳注为越人之骑，晋灼注为材力卓越者）

⑤长水校尉（掌管长水和宣曲的胡骑。据颜师古注，长水乃胡名，宣曲乃观名，胡骑屯于宣曲。《汉书补注》引王鸣盛之说曰，长水非胡名，乃川名，因屯营近长水之故，屯于长水者为“长水胡骑”，屯于宣曲者为“宣曲胡骑”）

⑥胡骑校尉（掌管屯于池阳的胡骑，非常设）

⑦射声校尉（掌管“待诏射声士”）

⑧虎贲校尉（掌管轻车）

八校尉管辖的都是特别部队，长官俸禄都是二千石。除长水胡骑是俘虏外，其余均选三辅地区最优者担任，他们被分配至长安附近的要冲，长期任职。

除上述八校尉外，还有两个校尉分担长安都城的防御，一个是司隶校尉，一个是城门校尉，不过他们不属于北军。司隶校尉初设于武帝征和四年（前89），持节从中都之官，有徒一千二百人，捉巫蛊、督大奸猾；后辞其兵，负责视察三辅、三河、弘农，成帝元延四年（前9）被裁省；哀帝于绥和二年（前7）再置，但只称“司隶”，属大司空。城门校尉掌管京师城门驻兵，分为掌管八屯的司马和守卫十二座城门、检查入城者的十二城门候。司隶校尉和城门校尉的俸禄都是二千石。

南北军的士兵

南军和北军的士兵，出身有所不同。南军卫尉的手下是“卫士”，据《汉书》卷一《高帝纪》注引《汉仪注》，平民二十三岁以上要服兵役，一年在中央军做卫士，一年在地方军做材官（步兵）或骑士，接受军事训练，五十六岁可免兵役。南军卫士来自全国各地，不同时期数量有变化，据《汉书》卷六《武帝纪》，秋七月下诏免除卫士中的老兵而注入新兵，常设的两万人减至一万人。《汉书》卷七十三《韦元成传》有“诸庙寝园祭祀用卫士四万五千一百二十九人”，人数颇为壮观。

属于北军的士兵称为“卒”，仅限于三辅出身之人。据《汉书·武帝纪》，元鼎六年（前111）曾发中尉之卒讨伐吕嘉，这里所说的“中尉之卒”就是北军士兵。另据《汉书》卷八十九《循吏传》，黄霸为京兆尹时“发骑士诣北军”；《汉书》卷四《文帝纪》也有“（三年）发中尉材官属卫将军，军长安”。这里的骑士和材官，想必就是在地方军服役一年的那些“材官”“骑士”中的人吧。由此可知，属于北军中尉的“材官”“骑士”等，都是在地方军中服役过一年、出身三辅的士兵。兵役一般可以不去实际服役而改为缴纳“免役钱”，称为“践更”，这一制度在《史记》卷一〇六和《汉书》卷三十五《吴王刘濞传》如淳注中有详细记述，说月额是二千钱。当时下级官吏的薪酬是每月三百六十至一千钱，免役钱月额二千钱的话，实在是不便宜呀。

7. 市场

市的种类及位置

承担长安物资流通的地方是“市”，但汉代的市究竟如何构成、在什么位置都还没有完全明确。我写过一篇名为《汉代长安的市》（见《中国古代史研究》二）的论文，下面就围绕这篇文章进行介绍。

关于汉代长安的市的位置，比较有说服力的提法是，应该依照《周礼·考工记·匠人》中所见的“面朝后市”制度。不过，还没有证据证明汉长安城就是“面朝后市”。宇都宫清吉在《西汉都城长安》（《汉代社会经济史研究》所收）一文中对长安的市做了以下总结：

城内的市：东市、西市

城外的市：直市（西郊）、柳市或细柳仓市（西郊细柳仓旁）、门市（渭桥旁）、交道亭市（便桥东）、季儿市（雍东道）、大

学市（西北七里）、槐市（东七里常满仓北）

宇都宫依据的史料有现存本《三辅黄图》、《太平御览》、《艺文类聚》引《三辅黄图》、《太平御览》引《汉宫殿疏》等。现存本《三辅黄图》对长安九市的记载十分难懂，应该如宇都宫所说，有文字上的错误或脱落，不过关于市的数量及位置，还是要参照它。另外，长安有九市的说法，亦见于班固《西都赋》和张衡《西京赋》。宇都宫根据东市、西市、直市、柳市等名称，说九市并非集中于一处；而若依据《三辅黄图》“六市在道西、三市在道东”的记载，则应理解为九市集中于一处，位于“道”的两边，道西六市而道东三市。那么“道”指哪里呢？《三辅黄图》说，“道”指突门附近的横桥大道。“突门”不在《三辅黄图》所说的“都城十二门”内，而据《水经注·渭水》记载，突门即西城墙三门中最北边的西城门雍门。不过，《水经注》这一记载存在可疑之处，它说雍门别名光门或突门，而在另一处又说北城墙最西边的横门叫光门。对此戴震曾指出，雍门处出现的“光门”也许是衍字，我支持这种说法。另外我认为，雍门处出现的“突门”这一称呼，应该移至横门处，也就是说，突门所指应是横门，而非雍门。那么横门附近的“横桥大道”是哪里呢？《三辅黄图·都城十二门》“横门”处说，横桥就是横门外的桥。《水经注》卷十九《渭水》注有“长安城北出西头第一门曰横门，其外郭有都门，有棘门”。由此可知，横门外以横桥为中心的区域有郭，郭外又有门。因此我认为，《三辅黄图》所说的“九市”，其位置就相当于长安城西北边横门的外郭。

据《汉书》卷十九《百官公卿表》，长安的市分为两种：一种属京兆尹管辖，有直接管理它的长官和令、丞等副官；另一种属左冯翊管辖，也有直接管理它的长官和令、丞等副官。特别需要注意的是，虽然不知道京兆尹管辖的市的数量，但左冯翊管辖下的有“四市”。前文已经说过，左冯翊位于长安城西北的太上皇庙附近，从左冯翊治所的位置来推测，左冯翊下属的四市，应该与上文所说的“九市”在同一个区域。产生“四市”和“九市”这样的数量差别，应该是不同时期发生变化所致。

横门外的区域还没有经过考古调查，不过长安城西北角在1956年已经进行过一次试挖掘。这次发掘最重要的发现，在今相家巷和六村堡地区。相家巷以北发现了汉长安城的北城墙遗址；村东发现了汉代的钱范（钱币铸模），钱范有两种，石制钱范是武帝时期的，陶制钱范是宣帝时期的；此外还发现了许多云纹瓦当，为钟官所用瓦，因而判断出相家巷汉代遗址是钟官遗址。六村堡位于相家巷西，相当于汉长安城西北角的位置，村外的麦田中发现了大量堆积的陶俑，因而断定这是一处制作陶俑的作坊遗址。由此可以认为，武帝以后的长安城西北角，是官营手工业发达的地区。那么，这附近有市场存在，也是有可能的。

接下来还回到《三辅黄图》，再来看看其他的市场。继“长安九市”后，《三辅黄图》又云：“市楼皆重屋，又曰旗亭楼，在杜门大道南……当市楼有令署，以察商贾货财买卖贸易之事。”这段文字不大好理解，是说市楼或旗亭楼在杜门大道南，其他还有当市楼。在汉代，市楼或旗亭楼，不似后世的“酒楼”之意，而是插有旗帜的管理机构所在地，东汉以后多改插旗为击鼓了。“杜门”指南城墙最东边的覆盎门（据《三辅黄图·都城十二门》）。

这样一来，九市所在的突门（横门）与市楼所在的杜门（覆盎门）就完全位于相反方向的不同之处了。对此，张宗祥根据《玉海》卷十六《汉都长安》进行了补文，认为杜门大道南除市楼（旗亭楼）以外，还有柳市、东市和西市。关于这三个市，其他文献也有记载，让我们再来详细考证一下。

首先看西市。据《史记》卷二十二《汉兴以来将相名臣年表》，惠帝六年（前189）七月建太仓和西市；而《汉书》卷二《惠帝纪》说，惠帝六年六月造西市、修廒仓。两者虽月份不同，但都说惠帝六年建了西市。长安城完工是在惠帝五年九月，也就是说，西市是在建成长安城的翌年创立的。《三辅黄图》说西市在“醴泉坊”，此乃唐西市之误，唐长安的西市在醴泉坊南邻。

东市的创设年代不详。不过它在记录汉代的史料中经常出现，如《史记》卷一二七《日者列传》载司马季主在长安东市占卜之事，发生在文帝时期；《汉书》卷四十九《晁错传》载晁错着朝服在东市被问斩，是景帝时期的事；《汉书》卷六十六《刘屈氂传》载刘屈氂被腰斩于东市，则发生在武帝时期；《汉书》卷七十一《隽不疑传》载隽不疑被腰斩于东市，是在昭帝时期；《汉书》卷七十六《王尊传》所载“东市贾方”，是成帝时期。由此可知，自文帝时代起就有了东市的文献记录，且东市经常被当作行刑的场所。据《史记·汉兴以来将相名臣年表》，高祖六年（前201）“立大市”；而据李剑农《先秦两汉经济史稿》解释，“大市”就是东市。大市即东市的根据虽然并不充分，但长安的大型市场中，西市建于惠帝时期，东市在那之前就有的话，被称作“大市”也是不足为奇的。

而据《汉书》卷二十四《食货志》及同书卷九十一《货殖列传》，东西市似乎王莽时期也存在。总之，东西市是汉代初期设立的大型市场，位于杜门（覆盎门）外，不同于突门（横门）外的市场“九市”。东西市应该是由京兆尹管辖的，据《汉书·百官公卿表》，市的长官是“令”，属京兆尹；《汉书·食货志》亦有“长安东西市令”，这说明东西市隶属京兆尹。

其余的市场似乎都位于离城较远的地方。关于柳市，前出《玉海》引《三辅黄图》说它与东市、西市在同一地点，这是错误的。《太平御览》卷八二八《市部》引《汉宫殿疏》有“细柳仓市”，言在细柳仓。这个细柳仓市应该就是柳市。《三辅黄图·仓》言，细柳仓在长安城西，那么，柳市的位置就应该是细柳仓所在的长安城西。另据《汉书》卷九十二《游侠传》记载，萬章因居城西柳市而号“城西萬”。

据《三辅黄图》载，直市在富平津西南二十五里，建于秦文公时期。另据《太平御览》卷八二八《市部》引《汉宫殿疏》，交门市在渭桥北头，李里市在雍门东，交道亭市在便桥东，细柳仓市在细柳仓。而据《三辅黄图》，交门市所在的渭桥，在长安以北三里；交道亭市所在的便桥在便门外，初建于武帝建元二年（前139），跨渭水，通茂陵。由此可知，这些市场离长安城都有一段距离，只有李里市在“雍门东”。雍门是“西出北头第一门”，因此它的东边应该属于城内，这点还不能明确，而即便是在城内，想必也规模不大。此外，据《三辅黄图・太学》，长安西北七里的大学中也设有市场，想必它是为大学内的有关人员服务的吧。

综上所述，位于长安城城门附近的市场有二，一个在西北边突门（横门）附近，另一个在东南边杜门（覆盎门）附近。其余的市场都位于离城稍远的地方。

市的结构

关于市的构造，《三辅黄图・长安九市》载：“长安之市有九，各方二百六十六步……凡以四里为一市。”也就是说，汉代长安的市均为方形，每边长二百六十六步。汉代一尺为23厘米，一步是六尺，就是138厘米，二百六十六步就是367.08米。那“四里为一市”又是什么形态呢？我认为可能有三种形态，请看下图。

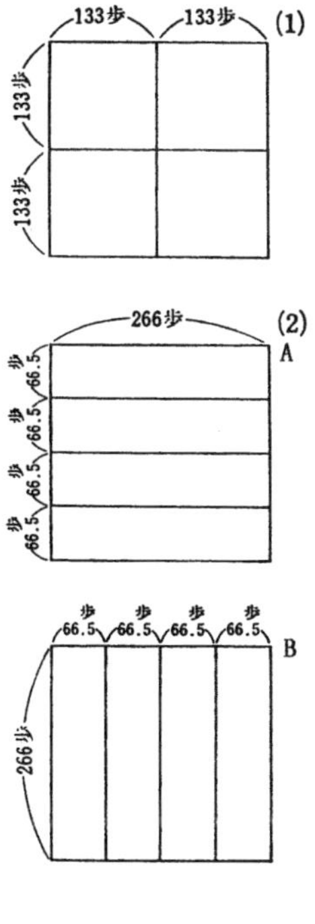

汉代市形态简图

这三种形式中哪个更妥当，还要考虑其与汉代里的关系。前文说过，长安的里是东西长、南北短的长方形，那么我想，市的形态也应该是属于图（2）A这样的吧。另据张衡《西京赋》，市都设有“阛”“阓”。“阛”，据《文选》卷四《蜀都赋》刘逵注，是“市巷”，而王念孙《广雅疏证》卷七作“市垣”。“阓”，《说文解字・门部》作“市门”。由此可知，市都有墙垣围绕，并设有市门。对于市的内部形态，班固《西都赋》有“货别隧分”，张衡《西京赋》也有“旗亭俯察五里百隧”。“隧”，《西京赋》薛综注作“列肆道”，那么“百隧”就是形容市场内有许多条道路，道边都排列着店铺。特别需要注意的是《西都赋》中的“货别”，这说明店铺是按商品的种类排列的，应该与《周礼・地官・司市》中的“陈肆辨货”及同书

《天官·内宰》中的“正其肆，陈其货贿”意思相同。

市的经营管理

长安的市场，都是在国家监督之下运行的。为了监督市场的经营管理，市场内设有行政机构，《三辅黄图》中所说的“市楼”“旗亭楼”“当市楼”即是。如前所述，西汉时期是在市楼上树立旗帜，到了东汉改成了击鼓。东西市的监督长官是“市令”，副官是“丞”；四市和九市的长官叫“市长”，副官还是“丞”。市令和市长多为兼职，如《三辅黄图》载，在长安九市，由三辅都尉职掌长安市。下面还应该设有若干个官职，据《汉书·卷八十六·何武传》，蜀郡郫县市中置“市啬夫”，负责市租的征收，但长安的情况不详。另据《后汉书·百官志》“大司农”注引《汉官》，东汉洛阳市中设有市长及丞以下吏三十六人，其中百石啬夫十三人、斗食十一人、佐十二人。“百石啬夫”就是俸禄为一百石的市啬夫，“斗食”应该是指岁俸不满一百的小吏。想必西汉长安也设有这样的市啬夫、斗食、佐等职位吧。这些吏的职责，除了《三辅黄图》所说的“察商贾货财买卖贸易之事”外，具体情况不明。下面根据《周礼·地官·司市》的记载来做一下分析。

司市掌管市中所有的治教、政刑、量度和禁令，具体如下：

①货物异肆而置，不得乱放，也不许涨价。

②以政令禁奢靡，维持市场公平。

③吸引商贾，聚货于内，流布（货币）于外，令市政通达。

④以量度定价，使互不欺骗，令买者乐于至此。

⑤买卖时作券书，令其有信誉，阻止争讼。

⑥命贾民（胥师、贾师、司暴、司稽、肆长等官吏）禁货物之伪，去除诈虚。

⑦以刑罚（市刑）禁暴，除市之盗贼。

⑧设泉府官，敛市内滞销之物，贷与民之急需者。

上述这些都是司市的职责，但由属吏分管。质人主要负责⑤券书之事；贾师、胥师、肆长分掌④和⑥；司暴、司稽的职责是⑦，维持治安；泉府的职责是⑧，监督市场运作。想必汉代长安的市场中，①至⑦项也是市吏的职责吧。不过这些职责的主要任务在于维持市场的流通秩序，与国家的直接利益毫无瓜葛。

前文说过，有市啬夫负责市租的征收，看来征税也是一个非常重要的职责。市税称为“关市之税”，战国时代就有了，只是市税的性质和税率无法了解太多。《孟子·公孙丑上》《管子·五辅篇》都有“市廛不征”，意思是说只课店税而不收货税。但同时《管子》在《乘马》《大匡》等篇中又说，市税是针对货物买卖而课的税。据《史记》卷二十五《齐悼惠王世家》，齐临淄的市租是“千金”，《索隐》《正义》等解释说，是从每日的销售额中收取。但这是按照唐代的制度解释的，是否为汉代的真实情况就不好说了。加藤繁《汉代国家财政和帝室财政的区别以及帝室财政的一斑》（《中国经济史考证》上）一文，详细论述了市税的去向，他指出，市税被纳入少府后，会被充当宫廷之私用。

此外，国家也会在市场里进行官货交易而谋取利益。据《西京杂记》卷一》记载，国家在昆明池养鱼，除用于陵庙祭祀外，还在长安的市场进行贩卖。还有一个尽人皆知的故事，就是汉武帝实施均输、平准法时，有官吏进行过市场物品的贩卖。如此看来，在汉代，国家在对城市的市场进行监督、保证市场流通顺畅的同时，也通过市税或官物的买卖来获得直接利益。

那在市场里做买卖的商人们又如何呢？在市场内部，同行业者虽然店铺排在一起，但基本上都是个别活动，没有迹象表明曾存在相互扶持的“行会”。而且，如《汉书》卷二十四《食货志》中晁错所言，市场的肆中，多半都是做小买卖的商人。尤其在汉初，这样的市籍商人，更是属于受压制的对象。《汉书》卷四十九《晁错传》中列举了被强行征去戍边的秦朝罪犯种类，其顺序是：吏中有罪者、赘婿、贾人、曾有市籍者、大父母及父母曾有市籍者、闾左之人。这一规定一直延续至汉初。而且，当时还存在一种不仅针对市籍商人，也适用于其他商人的“商贾之律”。据

《史记》卷三十《平准书》记载，高祖时期的“律”规定商人不准穿戴绢织的衣物、不准乘车，不过到惠帝、高后时期有所放宽。惠帝、高后时期还曾规定，市井子孙不得成为官吏，不过后来似乎也放宽了。

如上所述，汉代市场里的商人，可谓是资金积蓄匮乏、政治权利薄弱的群体。另一方面，都市中也出现了相当多的大资本商人，但他们不属于市籍。《汉书·食货志》中晁错所谓的“商贾者积贮倍息”，应该指投机商。《汉书》卷五十九《张汤传》记载，张汤还是长安一介小吏的时候，曾与富裕的投机商田甲、鱼叔翁等人交往甚密。看来，投机商中恐怕有不少都曾与当时的权贵官吏相互勾结，从事营利活动。而有的权贵官吏，也曾亲自参与政府明令禁止的营利活动，如下面《汉书》卷七十六《赵广汉传》中的一段记载：

> 初，大将军霍光秉政，广汉事光。及光薨后，广汉心知微指，发长安吏自将，与俱至光子博陆侯禹第，直突入其门，廋索私屠酤，椎破卢罂，斧斩其门关而去。

这个例子说明，诸侯虽然没有在市场直接经营，但的确在长安贩卖了肉和酒等。另据《汉书》卷七十二《贡禹传》，贡禹曾禁止诸曹、侍中以上的近侍臣家进行个人商业活动、与普通人争利。但这反倒可以证明，贡禹那个时候（元帝时期）有不少近侍臣家都进行过商业活动。

8. 礼制建筑遗址

礼制建筑遗址的发现

礼制建筑指明堂、辟雍、灵台、太庙、太学等。1956 年，在现在的西安西郊（汉城南）发现了三处汉代建筑遗迹，其中大土门村发现的，据说就是一处礼制建筑遗址。关于这处遗址的研究报告和论文很多，如刘致平

《西安西北郊古代建筑遗址勘查初记》（《文物参考资料》1957－3），王世仁《西安市西郊土地的汉代建筑遗址》（同前），祁英涛《西安的几处汉代建筑遗址》（《文物参考资料》1957－5），雒忠如《西安西郊发现汉代建筑遗址》（《考古通讯》1957－6），许道龄、刘致平《关于西安西郊发现的汉代建筑遗址是明堂或辟雍的讨论》（《考古》1959－4），唐金裕《西安西郊汉代建筑遗址发掘报告》（《考古学报》1959－2）及《汉长安城南郊礼制建筑遗址群发掘简报》（《考古》1960－7），王世仁《汉长安城南郊礼制建筑（大土门村遗址）原状的推测》（《考古》1963－9）。议论的焦点主要在于：这个遗址是否属于礼制建筑？如果是礼制建筑，那它到底是什么？在探讨这个问题之前，我想根据唐金裕的报告先介绍一下该建筑遗址的情况。

遗址位于西安市西北郊，遗址向东15公里是玉祥门，向北1公里余就是汉长安城旧址，南边是大土门村。遗址比周围的土地高出5至7米，南北长180米，东西宽60米多一点。1956年7月，由陕西省文物管理委员会发现并进行了发掘。1957年3月，由中国科学院考古研究所西安研究室接着发掘，同年10月完成调查，发掘总面积为6678平方米。

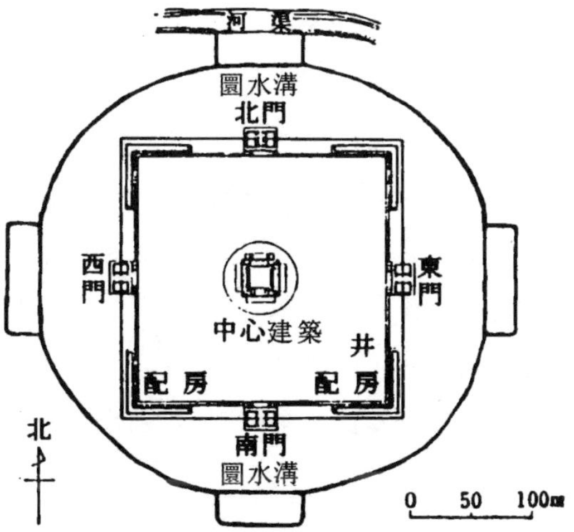

汉长安南郊礼制建筑遗址总平面复原图（《考古》1963－9）

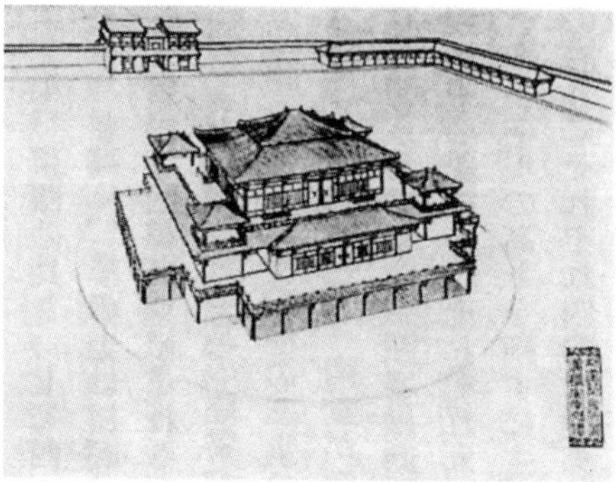

汉长安南郊礼制建筑复原图（《考古》1963－6）

遗址中最重要的部分，是中央的建筑遗址、围绕建筑的围墙及最外侧的环水沟。发掘是先从中央的建筑遗址开始的，这里堆积着烧焦的建筑材料，中央有一座方形土台。土台南北长205米，东西长206米，高1.6米，上部有夯土。土台中心是建筑基台，也有夯土，形状为圆形，直径62米，高出周围土台30多厘米。建筑平面形状像一个“亞”字，正南正北方向，南北长42米，东西长42.4米。最中央是一个很大的方形土台，南北长16.8米，东西长17.4米，残存高度1.5米。这一部分原来更高，上边应该建有楼阁式建筑物，四角还各有两个方形的小土台，上边应该建有小的楼阁或亭子。大土台四周有东西南北“四堂”，北堂前有抱厦四间，其他三堂每面前有抱厦八间，每边长24米；北堂有厅堂三间，南堂有厅堂四间，西堂有厅堂五间，东堂遗址已被唐代水渠破坏，情况不明。

四边的围墙，长度都是235米，围墙与中心建筑的距离，四边都是96米。墙体为夯土所建，现存高度仅有15至30厘米，墙体上部宽度1米，基底宽度1.8米。墙内外各有40厘米宽的防水坡，围墙顶端原来似有板瓦覆盖。四面围墙的中央都有门，每座门与中心建筑的距离都是81.5米。东、南、西面的门都经过了发掘，东西两门保存状态较好。此外，围墙的四隅也有建筑遗址。

环水沟围绕在围墙外侧，距离东西两门56.5米，距离南门54米、北门43米。沟的整体为圆形，直径东西368米、南北349米。

有关该遗址的学术论争

那么这处遗址到底是汉代的什么建筑呢?

据说，汉武帝为了建明堂，建元元年（前140）甚至派使者和安车蒲轮接鲁申公来见，但当时因窦太后喜好黄老而厌恶儒术，所以汉武帝的愿望没能实现。其后，元封元年（前110）武帝赴泰山封禅，又想起建明堂一事，但不知道该用什么样的建制，第二年，济南人公玉带献上了一幅黄帝时的明堂图，武帝照此图才终于建成了明堂。关于公玉带明堂图，《汉书》卷二十五《郊祀志》有如下记载：

> 明堂中有一殿，四面无壁，以茅盖，通水，水圜宫垣，为复道，上有楼，从西南入，名曰昆仑，天子从之入，以拜祀上帝焉。

许道龄根据公玉带明堂图的这一记载，想要推测出该礼制建筑遗址的性质，他断定这处遗址就是汉代的明堂。他说，礼制建筑遗址正中央的方形土台出土了很多瓦片，这就是公玉带所说的“一殿”；而建筑物的遗址中并没有发现墙壁的痕迹，这就是公玉带所说的“四面无壁”；建筑遗址周围还发现了水沟，这正是公玉带所说的“水圜宫垣”；建筑遗址西堂后面发现了类似台阶的遗迹，这就是公玉带所说的“从西南入，名曰昆仑”。只有一点不符，就是公玉带说的“以茅盖”，而遗址中央高台上却发现了很多瓦片，对此许道龄推测，说这是武帝没有完全按照公玉带的说法去建，在茅上又铺了瓦。

相对于许道龄的“明堂”之说，刘致平则主张这是“辟雍”的遗址。《白虎通义》卷二说辟雍是“外圆内方”而明堂是“上圆下方”，对此许道龄解释说，这段仅仅说明了建筑物的形状，辟雍为圆形而明堂为方形。不过刘致平认为，《白虎通》说的不仅是建筑，也包括台基，因此，辟雍所谓的“外圆内方”就是外围的圆形台基上坐落着方形的建筑，这与遗址完全一致；而且根据汉代的文献（《汉官仪》卷下等），明堂周围不环水，而辟雍环水，这也说明遗址在性质上更接近辟雍。唐金裕也支持辟雍之说，他的根据如下：一是据《汉书》卷十二《平帝纪》元始四年（4）“安汉公（王莽）奏立明堂、辟雍”处应劭注“辟雍者，象璧圜，雍之以水”；二是该遗址的东半部分相当于唐长安城的善宁坊，而《两京新记》中记载善宁坊有汉代的辟雍。

其后王世仁也曾尝试复原礼制建筑。他根据建筑的性质提出，在汉代，辟雍与明堂并非两处，而是同一座建筑，安汉公平帝元始四年奏请建立的是“明堂、辟雍”。那么汉代的明堂和辟雍是不是同一个？这座礼制建筑遗址到底是什么？这些问题还有待今后继续研究论证。

9. 陵墓和陵邑

皇帝的陵墓

汉代长安最引人注目的遗迹，当属帝王陵墓。除了汉文帝的霸陵和汉宣帝的杜陵，西汉九座皇帝陵都坐落在渭北高原上，东起惠帝安陵，西至武帝茂陵，约九十华里间，宏大的坟丘一字排开，各个帝陵之间还有无数的贵族陪葬墓及庶人坟墓。

关于汉代皇帝陵寝，足立喜六、桑原騭藏、关野贞等人都做过调查。下面就根据这些人的调查，来确认一下这些陵墓的位置。

（1）长陵（高祖）

据《汉书·高帝纪》注引臣瓒之说，长陵在长安北四十里处。而据《三辅黄图》卷六及《史记·高祖本纪》注引皇甫谧之说，在渭水北距长安三十五里处。足立喜六说在咸阳县东北四十华里、长安县北四十华里处。另据皇甫谧说，长陵山东西广一百二十步，高十三丈。

（2）安陵（惠帝）

据《汉书·惠帝纪》臣瓒注，安陵在长安北三十五里处。颜师古说离长陵十里。足立喜六说位于咸阳县东北四十五华里、咸宁县北三十五华里处。

（3）霸陵（文帝）

《汉书·文帝纪》颜师古注说在长安东南。足立说位于咸宁县东南二十华里处，在白鹿原东北崖凤凰嘴。

（4）阳陵（景帝）

《史记集解·孝景本纪》引皇甫谧说“山方一百二十步，高十四丈，去长安四五里”。《汉书·景帝纪》臣瓒注说在长安东北四十五里处。足立说位于咸宁县北三十六华里咸阳高陵县界处，距安陵约一华里。

（5）茂陵（武帝）

《汉书·武帝纪》臣瓒注说在长安西北八十里处。足立说位于兴平县东北十五华里、咸阳县西二十五华里处，距长安县八十华里。

（6）平陵（昭帝）

《汉书·昭帝纪》臣瓒注说在长安西北七十里处。足立说在咸阳县东北十三华里处。

（7）杜陵（宣帝）

《长安志图》卷中说，位置在今奉元城东南二十五里三赵邨、被称作鸿固原的高原上。足立说在咸宁县东南二十华里、三兆村南杜陵原上。

（8）渭陵（元帝）

《汉书·元帝纪》臣瓒注说在长安县北五十六里处。

（9）延陵（成帝）

《汉书·成帝纪》臣瓒注说在扶风，距长安六十二里。足立说在咸阳县西北十三华里、渭陵的西南方。

（10）义陵（哀帝）

《汉书·哀帝纪》臣瓒注说在扶风，距长安四十六里。足立说在咸阳县西北十七华里处。

（11）康陵（平帝）

《汉书·平帝纪》臣瓒注说在长安北六十里处。足立说在咸阳县北二十华里、茂陵以东八华里处。

接下来说一说陵墓的形状和大小。在汉代，皇帝陵都是皇帝即位的第二年开始由将作大匠来营造的，称为“寿陵”。皇帝陵的规制，见《后汉书·礼仪志》注引《汉旧仪》或《皇览》等；而关于葬具，在《汉书》卷六十八《霍光传》中有特别记载。现将具体记载略作下段记。

陵园方七顷，陵山方中一顷；陵高十二丈（武帝陵高二十丈）；明中（玄宫）深十三丈，明中高丈七尺，周二丈；明中置梓棺，四围固以柏心，由此通东南西北四门，称四羡，门内藏大车六马，金宝米谷，鸟兽及祭器明器等；棺椁皆以石制；玄宫深五丈，前堂方丈八尺，后堂方丈五尺，角广六尺；四羡门皆置剑户，设伏弩伏火，以防盗掘；陵之四周，筑垣四出，为司马门，垣内建石室寝殿；坟丘之外余地为西园后陵，余地为后宫嫔妃；徙将车尉侯及诸功臣之家于陵园，以资保卫。

关于坟丘的整体形状，足立喜六说是“四角锥台”，但可细分为以下三种。

①这种坟丘的形状与其说是四角锥台，不如说是低矮的圆锥台。陵墓的四棱及顶部有明显弧度，上部平坦，四门遗迹清晰。安陵、阳陵、义陵均属此类。关于安陵，足立说茔域 1 000 尺（现代尺，以下同）、方中 440 尺，陵高 80 尺。不过关野贞在《中国的陵墓》（《中国的建筑与艺术》所收）一文中说，安陵是一座东西约 191 尺、南北约 186 尺即方约 190 尺的方形坟墓，高约 40 尺，顶平，亦呈方形。关于阳陵，足立说茔域 1 700 尺，方中方 480 尺，陵高 90 尺；而关野说基底方约 230 尺，高 45—46 尺。关于义陵，足立说茔域 1 119 尺，方中 535 尺，陵高约 70 尺。

②坟丘呈规整的四角锥台形，有棱角，上部平坦宽阔，而且陵的底部周围有两三级台阶，周围墙垣及四门遗迹不明。长陵、茂陵、杜陵均属此类。足立说长陵方中东西 450 尺、南北 365 尺，陵高 80 尺；茂陵茔域 1 381尺，方中 380 尺，陵高 120 尺；杜陵茔域外周垣 1 548 尺，内周垣 766 尺，方中方 600 尺，陵高 90 尺。不过关于杜陵，关野贞说其基边面积

约方550尺，顶部面积约方150尺，高约70尺。

③坟丘为四角锥台形，坟顶四周有台阶，上部或有两三处隆起，或如棋盘般，由高12尺横竖排列的土墙分成许多区域，围墙及四门遗迹都非常低矮，不容易辨认。平陵、渭陵、延陵、康陵均属此类。足立说平陵茔域1 180尺，方中580尺，陵高88尺；渭陵方中774尺，陵高95尺；延陵茔域1 836尺，方中600尺，陵高85尺；康陵茔域1 276尺，方中532尺，陵高80尺。而关野贞关于渭陵的记录是东西约725尺，南北约795尺，顶部东西约220尺，南北约195尺。

以上三种陵墓，基本都是上部平坦，未形成隆起。这是因为汉代的陵墓不像后世那样只作坟丘之用，它顶上要建造寝殿，供奉灵位，且起居、衣服、用具等一如活人。

关于陵邑

汉代十一座帝王陵中，有七座设有陵邑，它们是长陵、安陵、霸陵、阳陵、茂陵、平陵和杜陵。首先来看关于设置这些陵邑的记载：《汉书》卷二十八《地理志》有“汉兴，立都长安，从齐诸田、楚昭、屈、景及诸功臣家于长陵”；《汉书》卷六《武帝纪》有元朔二年（前127）三月，“徙郡国豪杰及訾（财产）三百万以上于茂陵”；《宣帝纪》还记载有“本始元年（前73）春正月，募郡国吏民訾百万以上徙平陵”；《汉书·宣帝纪》载元康元年（前65）“徙丞相、将军、列侯、吏二千石、訾百万者杜陵”。

从上述史料看，移居到陵邑的主要都是郡国的大姓豪族、富人及高官。按照规定，移居茂陵、平陵、杜陵，分别要訾三百万以上、一百万以上和一百万。据《汉书》卷四《文帝纪》，一百金相当于十户中人的家产，那么一户中人就是十金即十万钱。而且当时要征收财产税，所以各家的财产额度都是很明白的。

那么设置陵邑的目的是什么呢？《汉书·地理志》说，让高官或豪族移居到陵邑，不是为了奉翊山陵，而是为了强干弱支。

三 唐长安

1. 隋大兴城

迁都经过及建筑工程

在分析唐长安城之前，必须先介绍一下隋大兴城，因为唐长安城承袭了隋代的大兴城。隋大兴城的位置与汉长安城不同，它是在相当于现西安城的位置上新建的。那隋为何没有承袭汉长安而是在新的位置重建了都城呢？其间的原委在《隋书》卷一《帝纪第一高祖上》和《册府元龟》卷十三《帝王部都邑一》等书中有记载。这些文献中说，迁都是由左仆射高颎、通直散骑常侍庾季才、太师李穆等献策，于开皇二年（582）正式下诏决定的。诏书的大意如下：自伏羲、神农至周、汉，迁都频繁，尤其是王朝更迭之时，一般都会迁都；而三国以后，建设都城变得更为便宜，隋既已立国，就该新建一座都城；汉都长安，后世几经战乱，城池已经破败，且宫殿也显狭小，而新都即将建立的龙首山及河滩一带，地势秀美、草木茂盛，自然环境优越。另外，庾季才的奏文中还列举了一个应该放弃汉城的理由，说汉长安城一带，水中含盐较重，因此不适宜居住。今天看来，汉长安城离渭水太近，地理位置的确不及唐长安城。

不过，根据《西安历史述略》，隋迁都似乎还存在其他的理由。隋文帝是一个猜忌之心很重的人，他从后周手中夺取政权、诛杀宇文一族之后，对后周宫室的存在仍然心存余悸，因而一心想要消除这一隐忧。据宋敏求《长安志》卷十二，后周的宫室在长安故城之中，隋文帝开皇三年迁都后，曾对其灌水成陂，即“涨陂”。隋文帝不仅毁掉了后周的宫室，还在上面掘池灌水，终于消除了心头之患。《西安历史述略》推断，这才是隋迁都的真正原因。

那么新都的建设工程是如何进行的呢？据《隋书》卷一《帝纪第一高祖上》，开皇二年六月丙申，左仆射高颎、将作大匠刘龙、钜鹿郡公贺娄子干、太府少卿高龙义等，奉命建造新都，其年十二月丙子，新都命名为大兴城；翌三年正月，皇帝决定入主新都，而先行大赦，三月丙辰正式迁入新都。由此看来，都城建设完成的时间比较短，但如后所述，大兴城后来又进行过多次修改工程。

另外，据上述《隋书》卷一的记载，新都的工程管理是由高颎、刘龙、贺娄子干、高龙义等人承担的，但陈寅恪在《隋唐制度渊源略论稿》中，引《隋书》卷六十八《宇文恺传》，说高颎虽总其大纲，但规划均出自宇文恺。陈寅恪还指出，据《周书》卷十九《宇文贵传》，宇文恺的祖先是昌黎大棘（今辽宁义县西北）人，后迁至夏州（今陕西横山县西），有西域胡族血统，因此隋大兴城虽然在规模上以太和洛阳及东魏高齐邺都南城为范本，在明堂及车服制度上以中国经典为参考，但在都城的宏丽精巧上却是以西域艺术为原型的。宇文恺是当时著名的建筑专家，实际经他手建造的都城不在少数，宋敏求《长安志》卷八还记载着一段与宇文恺的建筑有关的佳话。说太平公主下嫁薛绍之际，将在万年县的衙门内设宴成婚，但衙门口太窄，妨碍通行，于是想要把门楼拆毁，但高宗下敕说，万年县的门楼乃宇文恺所建，制作奇巧，不许破坏。

《隋书》卷三《帝纪第三炀帝上》记载着后来大兴城的修建工程，说大业九年（613）三月丁丑，发丁男十万，令筑大兴城。进入唐代后，也对长安城进行过多次修筑，初期较大的工程是高宗永徽三年（652）的罗城建设。据《册府元龟》卷十四《帝王部都邑二》，其年十月筑京师罗城，自雍州和雇四万一千人，三十日完成，于九门施观。而《旧唐书》卷四

《高宗本纪上》则载，永徽五年三月，工部尚书阎立德领丁夫四万人筑长安罗郭，同年十一月又和雇京兆百姓四万一千人筑京师罗郭，作版筑工事三十日，于九门各施观。阎立德的父亲阎毗，以工艺著称；画家阎立本，是阎立德之弟。

大兴城的规模

有关大兴城规模的记载，见于《大唐六典》卷七工部尚书郎中员外郎的注释。据此，大兴城处于南边的终南山子午谷、北边的渭水、东边的浐水、西边的沣水合围中，占地为东西十八里另一百一十五步、南北十五里一百七十五步。东西长于南北，这种格局延续至唐长安城。城墙高一丈八尺，城内分为一百一十个坊。据《大唐六典》，坊的布局为：皇城东西各十二坊，皇城以南，东西十坊，南北九坊，两市占地四坊。据此，皇城东西两侧共二十四坊，皇城以南应为九十坊，两者相加本应是一百一十四坊，而减去东西两市所占的四坊，正好是一百一十坊。

但《大唐六典》记载的大兴城规模，是否在隋开皇之初就已完成，这点值得怀疑。《大唐六典》记载的很可能是经过大业九年及永徽年间的改建工程之后的情况，而开皇初年时也许只完成了城池基础部分的建筑。宋敏求《长安志》等中也说，区分宫城、皇城与普通居住区的规划，是在文帝时期才完成的。而据《两京新记》记载，大兴城南部曾是无人居住的状态，最早是文帝让自己的孩子们在那里建起了宅邸。《两京新记》中还有其他一些关于隋大兴城建造情况的记载，如金城坊，本来是汉博望苑的所在，迁都之初分割建坊时将土地分给了民众，由人们各自建造住宅；居民住宅，多使用从旧长安城运来的建筑材料，如嘉会坊西南隅褒义寺的殿堂门宇，用的就是故都旧寺的木材，而修真坊南门的门扉原是周太庙的门板。

布局规划的来源

唐长安城的前身即隋大兴城，整体规划呈长方形，宫城、皇城位于北侧中央。1930 年，那波利贞《基于中国都城规划史的唐长安城考察》（《桑原博士六十寿辰纪念东洋史论丛》所收）一文指出，大兴城的规划以北魏洛阳城和东魏邺城为范本。这一学说问世后，得到过很多人的承袭，如前所述，陈寅恪也持相同见解。

这里想再说一下北魏洛阳城的布局。自《河南志》（《藕香零拾》所收）以来，出现过许多洛阳复原图，近年主要有依据北魏杨衒之《洛阳伽蓝记》进行的复原图，如范祥雍《洛阳伽蓝记校注》及周祖谟《洛阳伽蓝记校释》所附之图。另外也有同时依据 W. C. White（中国名“怀履光”）对现存遗构的调查结果而进行复原的，如劳榦《北魏洛阳城图的复原》（《“中央研究院”历史语言研究所集刊》20）、水野清一《洛阳永宁寺解》（《考古学论丛》10）等。而森鹿三的《评劳榦〈北魏洛阳城图的复原〉》和《关于北魏洛阳城的规模》（两篇均收于《东洋学研究历史地理篇》），可谓是对上述诸说的补充。北魏洛阳城是孝文帝在汉、魏、晋洛阳城基础上重新建造的，1954 年，阎文儒等对其遗迹进行调查，形成了成果《洛阳汉魏隋唐城址勘查记》（《考古学报》1955 -9）。

我们就参照上述成果，来看看北魏洛阳城的布局规划。关于其规模，《洛阳伽蓝记》卷末有“东西二十里、南北十五里”的记载。而据《后汉书·郡国志》刘昭注所引晋代皇甫谧《帝王世纪》说，其东西六里十一步、南北九里百步；晋代《元康地道记》作东西六里十步、南北九里七十步。元《河南志》也载有“东西六里，南北九里”的通俗说法，称之为“九六城”。对照上述《洛阳伽蓝记》和《后汉书》所引文献，前者是东西长南北短，后者是南北长东西短，而最重要的差异在于前者比后者规模大。劳榦对此提出新的学说，他认为，《洛阳伽蓝记》的“里”并非指里程，而是指闾里，表示街区分割为东西二十、南北十五个区划。但将《洛阳伽蓝记》中的“里”解释为闾里，似乎有些牵强。元《河南志》对《洛阳伽蓝记》所载规模大于其他的理由作了说明，说是因为包括“城外”，考古专家们也大都采纳这种说法。

森鹿三将《洛阳伽蓝记》中所说的“城外”，解释为北至邙山、南至洛水、东至郭门、西至张方沟的区域，而这片区域没有发现任何外郭城墙遗迹。现今麦田里残留的土墙，是汉魏六朝洛阳城的内城遗址，根据阎文儒的调查结果，土墙呈南北狭长的长方形，东墙长 3 862.7 米，西墙长 3 811米，南墙长1 200米（复原部分），北墙长 2 272 米；这与《元康地道记》所说的南北九里七十步、东西六里十步相比较，东边少 109.3 米，西边少 161 米，北边少 4 米，基本上与自古流传的“九六城”相一致。这样看来，北魏洛阳城是一个南北长于东西的长方形，与隋大兴城和唐长安城不同。但如果按照森鹿三的观点，将《洛阳伽蓝记》中的“东西二十里、南北十五里”视为外郭的话，那么就是一座与隋大兴城（唐长安城）相同的、东西长于南北的长方形外郭城。前面说过，隋大兴城是东西十八里一百一十五步、南北十五里一百七十五步，这在规模上也与北魏洛阳城的“外郭城”非常相近。

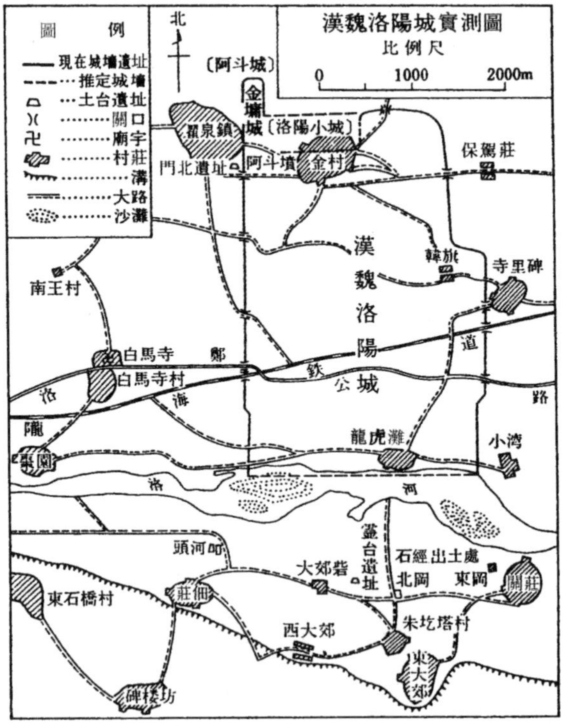

汉魏洛阳城实测图（《考古学基础》）

下面再看宫城的位置。三国魏文帝时期初营洛阳宫，明帝时期又进行了大的整修，造昭阳、太极两殿及总章观等，这被称为“南宫”；此外，当时北边中央还有“北宫”，西北角有“金墉城”。北魏时期以上这些宫殿似乎还都存在，据阎文儒调查，北魏的洛阳宫位于洛阳城的正中心、西阳门（西城墙南侧第二门）以东附近，现今被称为五台门的地方就相当于宫城的南垣；而西北角发现的凸出的土城遗址，今被称作阿斗城的，就是当年的金墉城。问题在于北边的部分，据《洛阳伽蓝记》原序，洛阳城的北墙自东向西有广莫、大夏两座城门，两门之间宫观相连，看来是有“北宫”的。不过北宫与南宫之间似有闾里，并不一定相连。从这一点上看，北魏洛阳城与隋大兴城、唐长安城不同，隋大兴城的宫城和皇城在北侧中央，而在北魏洛阳城中，包括太极殿在内的洛阳宫，位于内城的正中心。据森鹿三推测，北魏洛阳城的内城，位于外城内相对靠北的中央位置，相当于大兴城的宫城和皇城，内城除了内廷、外廷之外，起初曾允许居民居住，直到外城建好后，才将居民陆续迁至外城。

接下来再看街区。据《洛阳伽蓝记》卷末载，方三百步为一里，里开四门，每门置里正二人、吏四人、门士八人，共设里二百二十个。而《魏书》卷八《世宗纪》作三百二十三坊，同书卷十八《广阳王嘉传》亦作三百二十坊，与《洛阳伽蓝记》记载的里数有着很大的差异。范祥雍等认为二百二十为三百二十之误，但这点无法明确。洛阳宫位于内城的正中央，洛阳宫南侧中央有阊阖门，由此向南至内城南城墙宣阳门之间，有大路连接，即铜驼街，大路两边设有右卫府、太尉府、将作曹、左卫府、司徒府、国子学、宗正寺等诸多官府，外围还有许多官府、寺和民居。宫城向南建有大路，大路两侧分布着条坊，这点与隋大兴城相同。

再看市场。北魏洛阳有大市、小市、四通市等三个主要市场，其中最大的洛阳大市，位于西阳门外四里、御道之南，周回八里，占地四坊，位置介于西城和西郭的正中间；洛阳小市则位于内城以东四里，位置介于东城和东郭的正中间。那么，洛阳的大市和小市，可以说在位置上大体对称，而大兴城的东市、西市位置也对称，两者在这点上相同。

综上所述，北魏洛阳城在外郭形态规模、外郭与内城之关系、街区分割、市场位置等方面，都可以称得上是隋大兴城的原型。但有一点，北魏洛阳城的外郭是后来才发展出来的，因此内城中曾包括居民住宅，而且内城为纵长方形而外郭为横长方形，这都说明它不像隋大兴城那样是当初就按设计规划而建的。

2. 唐长安城的形态

长安城的变迁

隋炀帝大业十三年（617）七月，唐高祖李渊率三万人马，从太原老家出兵，当年十一月就攻进了长安，翌年建立唐朝，定年号为武德。此后三百年，长安都是唐的都城。不过，隋开皇三年（583）至唐太宗贞观年间（627—649）这一时期，长安城还比较简陋，宫城内的主要宫殿也是隋初所建，隋称大兴宫，唐称太极宫。武德五年（622），于宫城外西侧建宏义宫，太宗贞观三年改名为太安宫，供太上皇李渊居住。太安宫位于宫城之外，且建造简陋，于是目不忍睹的监察御史马周，奏请为其新建雉堞（矮墙）、重修门楼。（《旧唐书》卷七十四《马周传》）官衙和贵族居所也是如此，深受唐太宗重用的郑国公魏徵住在永宁坊，那里原是隋安平公宇文恺所有，连正堂都没有。据唐封演《封氏闻见录》，魏徵的居室相当简陋，太宗要为他建新的，但他没有接受，后来魏徵病了，太宗才为他建了一座小小的正殿，据说5天就建成了，可见工程不大。

而贞观以后，唐朝国势逐日强盛，经济也发达起来，在这样的背景之下，特别是高宗和玄宗时期，相继开展了修筑长安城墙、建筑、沟渠的工程。前文已经提到过，高宗永徽年间（650—655）进行了罗郭及九门的工程。那么宫城呢，高宗龙朔二年（662）于城东北角建蓬莱宫（大明宫），翌年完成，期间对雍、同、岐等十五州的民众增加赋税，对京官减少一个月的薪俸，这些资金都用于建蓬莱宫了。自此以后，唐朝的政治中心移至大明宫，大约50年后，玄宗于开元二年（714）在大明宫东南的兴庆坊又建造了兴庆宫。兴庆宫占据了永嘉坊南、道政坊北和安兴坊东南角、胜业坊东、东市东北角等区域，天宝十二载（753）兴庆宫内建起了沉香亭、勤政务本楼、花萼相辉楼等建筑。其后，太极宫、大明宫、兴庆宫，与游览之地曲江、芙蓉园之间，均修筑夹城、复道相连，皇室出游便可以不为一般百姓知道了。

大明宫和兴庆宫都建在城的东半边，这对城内各坊的居住情况也产生了影响。以承天门大街为界，城东属万年县，城西属长安县，而贵族们为了上朝方便，都想住在万年县管辖的区域，特别是永嘉坊，成了公卿、王侯、公主们居住之地；而被称作街西的长安县一侧，则是身份较低的官吏

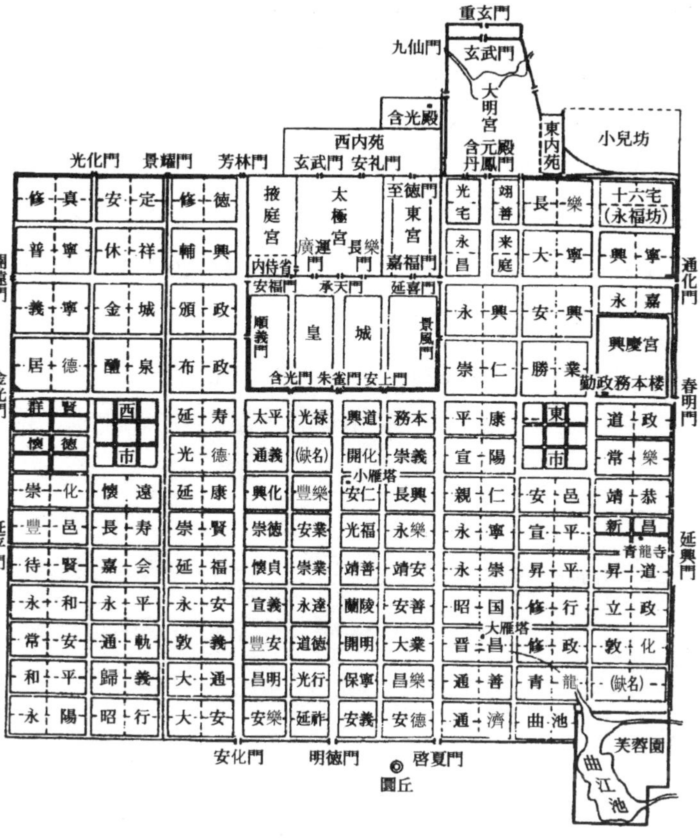

唐长安城平面图［“学术文库版后记”文献（70）］

和商人的居住区。此外，翊善、来庭、永昌、永兴、大宁、兴宁、修德、辅兴、颁政诸坊，由于临近宫城，所以住的都是宦官。崇仁坊，因其北街对着皇城的景风门，且临近尚书省的选院，又与东市相连，所以从各地来到长安的人，都会先在这里落脚，使得这一带不分昼夜灯火通明，热闹非凡。贵族或富人中也开始有人在城内营建豪华住宅，如汾阳王郭子仪，家族成员达三千人，其宅邸占据了亲仁坊四分之一的面积。

再看渠、池。开皇三年（583）开凿了龙首渠、永安渠、清明渠；天宝元年（742）修通了连接西市的漕渠，这一时期还开凿和扩建了曲江池、兴庆池、蓬莱池等。

长安的繁荣，在玄宗时期达到顶峰，其后几经战乱，便繁华不再了。这一切在赵翼《廿二史札记》卷二十《长安地气》中有详细记载，据此，安禄山时期长安还依旧雄伟壮丽，代宗时吐蕃入侵，烧毁的也仅是衢巷庐舍，宫殿依旧；朱泚之乱时也是坊市、宫阙安泰。黄巢占领长安时，九衢三内宫室尚完好，倒是诸道勤王之兵破贼后入城抢劫，对市肆放火焚掠，毁掉十之六七，大内仅剩含元殿，其他也仅存西内、南内及光启宫；僖宗时曾命京兆尹王徽进行修复，但已无法恢复往昔的壮丽。昭宗时，田令孜烧毁坊市、宫城，时仅存昭阳、蓬莱二宫，又因昭宗在李茂贞逼迫下奔华州，致岐军入京，宫室鄽闾皆归于灰烬。由此可知，长安城在黄巢之乱后屡次遭到破坏，至昭宗天祐元年（904）朱全忠胁迫昭宗迁都洛阳，长安终于化为了一片废墟。

长安的外郭城

1957 年，陕西省文物管理委员会和中国科学院考古研究所西安分室，开始着手对长安城址展开调查，1958 年发表了长安城的探测复原图。下面就根据《唐长安城地基初步探测》（《考古学报》1958－3）和《唐代长安城考古纪略》（《考古》1963－11）等文，来介绍一下那次调查的结果。首先是外郭城，别名京城，外城墙均为版筑的土墙，除个别部分遭到破坏外，四面城墙的墙基都还埋在现在地表下 0.5 至 1.5 米处，也有的地方要深入 2 米才到达墙基。墙基高度因破坏程度而不同，最低的仅存 0.3 米，而一般会在0.7至1.5米。墙基宽度一般在9至12米，但也有不少地方只有3至5米，而东城墙对着靖恭坊东端的一段，宽度竟达近20米，与城内相接的城墙非常宽，这种情况一般城墙不会有，也许是唐代重修过的。

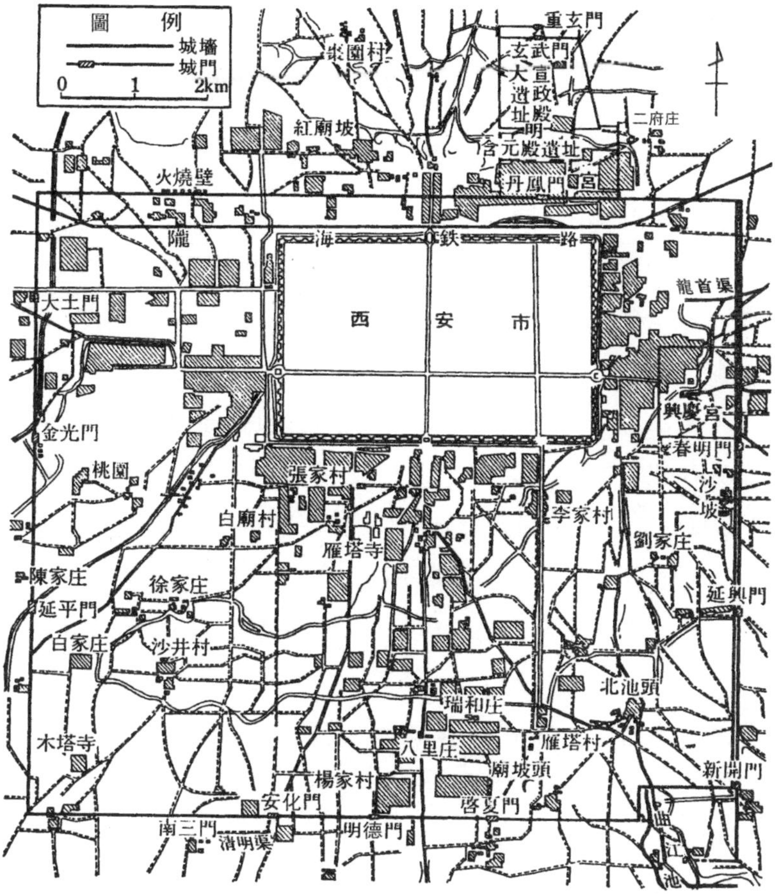

西安唐长安城址实测图（《新中国的考古收获》）

外郭城的平面形态呈长方形，东西略长于南北。根据实测，外郭城东西即春明门至金光门的长度为9 721米（含东西城墙厚度），南北即明德门至玄武门偏东处的长度为8 651.7米（含南北城墙厚度），明德门（外侧）至皇城朱雀门（南侧）的长度为5 316米。南城墙城门间距，明德门（中心）至启夏门（中心）1 473.5米，明德门至安化门1 435.5米。磁针测得的长安城方向为北偏东2度。以上是外郭城的大概实测结果，下面再将其与文献记载的数值做一对照。《隋书》卷二十九《地理志》、《唐六典》、《长安志》、《长安图》、《类编长安志》、《长安志图》、《唐两京城坊考》等，均作长安城东西长十八里一百一十五步、南北长十五里一百七十五步、城高一丈八尺。而《旧唐书》卷三十八《地理志》和《新唐书》卷三十七《地理志》记载的南北长度和城高，与上述文献相同，只是在东西长度上有别，《旧唐书》作十八里一百五十步，《新唐书》作六千六百六十五步（十八里一百八十五步）。

唐代的里程，大程为三百六十步一里，小程为三百步一里，大尺十二寸，小尺十寸。据说建长安城时用的是大程和大尺。矩斋《古尺考》（《文物参考资料》1957－3）及杨宽《中国古代尺度考》等对唐尺有多种记录，但其数字与长安城的尺度并不一致。只有一尺等于0.294米、一步等于1.47米的说法比较接近，森鹿三《汉唐一里的长度》（《东洋史研究》5－6）也主张这一说法，平冈武夫《唐代的长安与洛阳（地图篇）》也是采用这一说法来计算长安城尺度的。根据一尺等于0.294米的说法来计算的话，南北十五里一百七十五步就是8 195.25米，《隋书·地理志》等记载的东西长十八里一百一十五步就是9 694.65米，《旧唐书·地理志》记载的东西长十八里一百五十步就是9 746.1米，《新唐书·地理志》记载的东西长十八里一百八十五步就是9 797.55米。那么，实测东西长9 721米，就比《隋书·地理志》等的记载要长26.35米，比《旧唐书·地理志》的记载要短25.1米，比《新唐书·地理志》的记载短76.55米。长安城各部分的实测尺度均大于文献记载的数值，因此可以推测，《唐六典》等记载的东西长度与实测数值最为接近。比实测少26米多，被认为或许是没有将城墙厚度计算进去的结果。关于南北长度，各文献均记载为十五里一百七十五步，这比实测要少456.45米（三百一十步余）。而据各文献记载，宫城南北二里二百七十步，皇城南北三里一百四十步，皇城以南十条横街的宽度为四十七步，九坊南北长各三百五十步。将以上数值加起来，总共是五千八百三十步（8 570.1米），这比前述各文献记载的南北十五里一百七十五步要多出二百五十五步（374.85 米），比实测距离则少 81.6 米（五十五步）。也就是说，将各文献记载的南北各部分数值相加的结果更接近实测，那么各文献记载的“南北十五里一百七十五步”这个数值，就很可能有误。另外，如果将实测南北长度换算成唐里的话，应为十六里一百二十五步。

长安的宫城

宫城是太极宫、东宫和掖庭宫这三部分的总称，位于长安城中轴的最北边。宫城的北墙即外郭城北墙的一部分，西墙与今西安城（建于明清时代）的西城墙在一条线上，南墙在今西安城内西五路以南 80 余米处，东墙在今西安城内革命公园西端，北端经过尚平路一带。整个宫城遗址现在均已被市区所占据。

根据调查结果，宫城的墙基大部分保存完好，均为版筑土墙，土质非常坚硬。墙基大部分都埋在现在地表以下 0.5 至 1 米处，只有玄武门以西的一段北墙高出地面 1 米多。宫城城墙还没有进行发掘，但据钻探调查，墙基厚度都在 18 米左右，只有东墙厚度是 14 米多。宫城东西长 2 820.3 米（此数值为太极宫、东宫和掖庭宫的总和），南北长 1 492.1 米，各宫的区域范围如下：

（1）太极宫

也叫西内，即隋大兴宫。它位于宫城的中心，东西两边都有墙，与东宫、掖庭宫相隔。据实测结果，太极宫东西长 1 967.8 米，南北长 1 492.1米。

（2）东宫

位于太极宫东侧。西墙（即太极宫东墙）墙基厚度为 14 米，东墙即前述宫城东墙。据实测结果，东宫东西长 150 米，南北长同太极宫。

（3）掖庭宫

位于太极宫西侧。其西墙即宫城西墙，东墙（即太极宫西墙）墙基保存完整，南端已进行过试挖掘，墙基厚 11.5 米，墙体残高 1.3 米。据实测结果，掖庭宫东西长 702.5 米，南北长同太极宫，为 1 492.1 米。

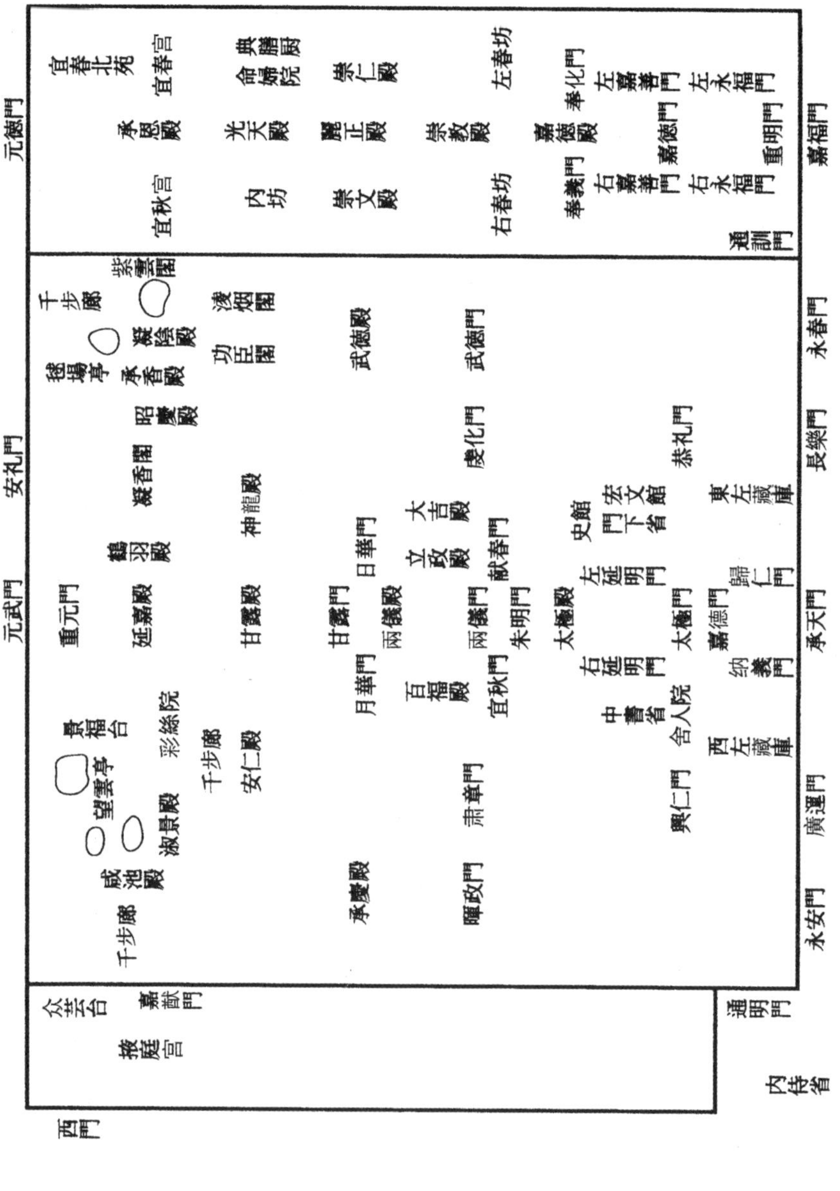

徐松“西京宫城图”（平冈武夫《唐代的长安与洛阳》）

下面将上述实测结果与文献记载做一对照。关于太极宫（文献作“宫城”），各文献记载的东西长均为四里，南北则各有不同，《长安志》和《长安志图》作二里二百七十步，吕大防《长安图》和《新唐书·地理志》作二里二百四十步。如果以每步 1.47 米计算，实测的太极宫东西长 1 967.8米要比文献记载的四里（一千四百四十步）少 149 米（一百零一步余）。实测的南北长度，比《长安志》和《长安志图》的记载多36.8 米（二十五步），比吕大防图和《新唐书·地理志》的记载多 80 余米（五十五步）。从比较的结果看，《长安志》和《长安志图》的记载与实测结果更为接近。关于东宫，几乎找不到文献记载，只有徐松《唐两京城坊考》有“东宫与掖庭皆不足一里，但东宫略广”。实测的结果也的确都不足一里，但说东宫比掖庭宫宽显然有误。掖庭宫，东西长实测为 702.5 米，《长安志图》有“掖庭宫宽一里”，骆天骧《类编长安志》卷二《掖庭宫》有“掖庭宫东西广一里一百一十五步”。《长安志图》中的“一里”当为概数，《类编长安志》中的“一里一百一十五步”与实测的 702.5 米基本一致。

宫城诸门

据文献记载，宫城南面有五个门。中央是承天门，向东依次是长乐门和永春门，承天门向西依次是广运门和永安门。北面有两个门，即元武门和其东边的安礼门。以上诸门中，只有南边的承天门和北边的元武门经过了考古调查，其他门迹要么被破坏，要么被其他建筑物覆盖，无法进行调查。

承天门遗迹在太极宫南墙的中央，即今西安市莲湖公园内莲湖池南岸的南侧。门基大部分在建造公园时被毁坏，现仅残存一部分。门基西端尚存的 7 米多遗迹，高出门道 0.5 米左右，基座的东端已经完全不在。自西端的门基向东，尚有三个门道存在，各门道间有版筑的隔壁，隔壁埋于现地表以下 0.3 米处，残高也仅存 0.5 米，与西端基座的残高相等。隔壁的底部铺有细沙，沙层厚 0.02 米，沙层下铺的均是石条（或石板），大概是为加固门基而用，这一现象在其他城门遗址中没有发现。门道隔壁的厚度不一致，西侧为6.8米，东侧为6.5米。三个门道的宽度，中间的是8.5米，西侧的是6.2米，东侧的是6.4米。门道埋在现地表下0.9米处，门道上堆积着烧焦的土块、木炭的灰烬、砖头瓦块等。现存整个门迹东西长41.7米，东侧已被破坏，无法确定再向东是否还有门道，不过从残存的情况看，承天门至少是有三个门道的。承天门是宫城南面的正门，上部应建有门楼。据文献记载，这座门乃隋文帝开皇二年（582）初建宫城（大兴宫）时所造，当时名应阳门，仁寿元年（601）改为昭阳门，武德元年（618）改为顺天门，神龙元年（705）才改名为承天门。唐代皇帝颁布诏令、赦宥或举行朝会庆典时，大多会设在承天门，当时称为前朝。

玄武门是宫城北面的正门，但位置不在中央，而是略偏西一点，与承天门不在一条线上。门迹之上建有现代建筑，故调查仅找到了一处门道遗迹，也不清楚到底有几个门道。

长安的皇城

皇城的别名叫“子城”，位置在宫城南侧，东西墙与宫城的东西墙相连。北侧无墙，与宫城间有横街相隔；南墙被压在今西安城的南城墙下。皇城的形制为长方形，根据实测，东西长2 820.3米，与宫城同；南北长1 843.8米。据《唐六典》、《长安志》、《长安志图》、吕大防《长安图》等，皇城东西为五里一百一十五步，南北为三里一百四十步。东西实测结果比文献记载多5米（三步多），两者可谓相当接近，而南北实测结果比文献记载多50米（三十四步），差异较大。

皇城南面和西面的城门已经过考古调查。南面有三座门，据文献记载，中间名朱雀门，东侧名安上门，西侧名含光门。朱雀门，东距皇城东南角1 480米，距城西南角1 350.6米。门迹被压在现在的城墙之下，且大部分已经毁坏，只是在东端南侧有一条宽数米、东西长40多米的路土面，有烧土和砖瓦堆积痕迹，门迹西半部已经完全损坏不存。此门迹向北正对承天门，向南与朱雀大街、外郭城明德门等均在一条直线上。含光门位于朱雀门西侧660余米处，距皇城西南角690米，门迹仅存东端18米，门道上堆积有烧土、灰烬和大量的砖瓦碎片。安上门位于朱雀门以东650余米处，整个门迹压在现西安城南门底下，无法探测到门道遗迹。安上门迹北侧发现了一条南北向的大街，街宽94米，街两边有水沟。

皇城西面，文献记载有两座门，北侧的叫安福门，南侧的叫顺义门。安福门在皇城西墙的北部，门迹北端距宫城南墙96米，门迹大部分被埋在现有城墙之下，仅有北边20多米残存，堆积有红烧土、灰烬、砖瓦等。安福门的门道似乎有三个，此门处于宫城和皇城的中间位置，向西与外郭城开远门相呼应，是皇城西面的主要城门。顺义门在今西安城西门偏西处，北距安福门860余米，门迹埋在现在的城门之下，形制不明。

以上是皇城南面和西面的城门。据文献记载，皇城东面有两座门，北侧的叫延喜门，南侧的叫景风门，这一带现在都压在城市建筑之下，无法探得门迹的所在。

那么皇城内街道和官署的情形如何呢？根据文献，皇城内的街道，东西向有七条，南北向有五条，而迄今为止，东西走向的只发现了一条，即宫城南边的横街。据文献记载，横街宽三百步（441米），而实际调查的结果，只在离西城墙200米处发现了南北宽220多米的一处遗迹，其他地方都不明确。如此看来，这条横街是长安城中最宽的街道，宫城和皇城之间更像是一个广场。南北走向的街道，只发现了安上门街，靠近安上门处的街道宽度为94米，两侧的水沟各3米多宽、2米多深。徐松《唐两京城坊考》有“皇城各街皆广百步”，而实测并不及百步，可见百步只是个约数罢了。官署的遗迹全部都埋在现在的建筑物之下，还没有进行过调查。下面我想引用一下《唐两京城坊考》卷一关于皇城的记载。首先是关于整体布局的一段：

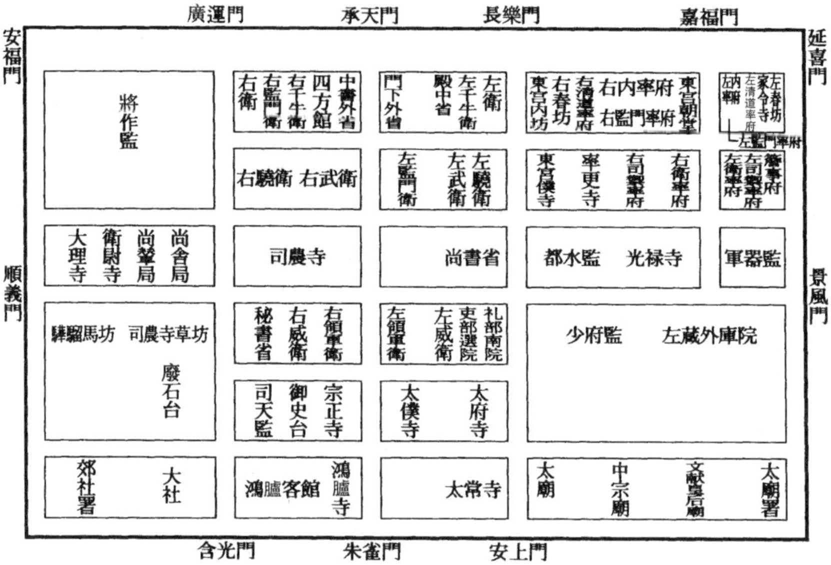

徐松“西京皇城图”（平冈武夫《唐代的长安与洛阳》）

城中南北五街，东西七街。左宗庙、右社稷，百僚廨署列于其间。凡省六、寺九、台一、监四、卫十有八。东宫官署凡府一、坊三、寺三、率府十。

接下来记载着各个官署的位置：

承天门街之东、宫城之南、第二横街之北：

从西第一，门下外省。次东殿中省，次东左千牛卫，次东左卫。街东安上门街，街东第一东宫内坊，次东右春坊，次东右清道率府，次东右监门率府。府北右内率府，府东东宫朝堂。有北街，街东第一左监门率府。府北左内率府，次东左清道率府，次东家令寺，次东左春坊。

承天门街之东、第三横街之北：

从西第一左监门卫，次东左武卫，次东左骁卫。卫东安上门街，街东第一东宫仆寺，次东率更寺，次东右司御率府，次东右卫率府。府东有南北街，街东第一左卫率府，次东左司御率府，次东詹事府。

承天门街之东、第四横街之北：

从西第一尚书省，省东安上门街，街东第一都水监，次东光禄寺。寺东有南北街，街东军器监。

承天门街之东、第五横街之北：

从西第一左领军卫，次东左威卫，次东吏部选院，次东礼部南院。院东安上门街，横街抵此而绝。

承天门街之东、第六横街之北：

从西第一太仆寺，次东大府寺。寺东安上门街，街东第一少府监，次东左藏外库院。

承天门街之东、第七横街之北：

从西第一太常寺。寺东安上门街，街东第一太庙、中宗庙、文献皇后庙，次东太庙署。

承天门街之西、宫城之南、第二横街之北：

从东第一中书外省，次西四方馆，次西右千牛卫，次西右监门卫，次西右卫。卫西含光门街，横街抵此而绝。

承天门街之西、第三横街之北：

从东第一右武卫，次西右骁卫，次西含光门街。街西将作监。

承天门街之西、第四横街之北：

从东第一司农寺。寺西含光门街，街西第一尚舍局，次西尚辇局，次西卫尉寺，次西大理寺。寺西有南北街。

承天门街之西、第五横街之北：

从东第一右领军卫，次西右威卫，次西秘书省。省西含光门街，横街抵此而绝。

承天门街之西、第六横街之北：

从东第一宗正寺，次西御史台，次西司天监。监西含光门街，街西第一废石台，台北司农寺草坊，次西骅骝马坊，坊西有南北街。

承天门街之西，第七横街之北：

从东第一鸿胪寺，次西鸿胪客馆。馆西含光门街，街西第一大社，次西郊社署。

长安的街道

据文献记载，唐长安城南北走向的街道有十一条，宽都是百步；东西走向的有十四条，宽度有百步、六十步、四十七步等三种。1959 年至 1960 年以及 1961 年曾进行过两次调查，发现了皇城以南的东西走向街道十条、南北走向街道十一条，并全部调查完毕。

先看东西走向的街道。外郭城北门第一街向南至第三街等三条，遗址上面建有现代建筑，情况不明，第十四街即外郭城南门内的顺城街，还没有进行过调查。已发现的十条街中，第四街（皇城西端顺义门通向东端景风门的街）发现了自西端起的 1000 多米，街宽 75 米，街道两侧均已被破坏，找不到水沟遗迹。第五街（皇城南第一横街，西通金光门，东通春明门）保存相当完好，金光门向东 1000 多米处发现了两侧的水沟，街宽 120 米。第六、七、八这三街保存状态也不错，它们都连接着东西外郭城，还发现了一部分水沟，街宽为：第六街 44 米，第七街 40 米，第八街 45 米。第九、十、十一、十二、十三等五街，仅剩中间部分保存良好，这一带地势较低，因农耕而破坏较为严重；街宽，第九、十街为 55 米，第十一街 45 米，第十二街 59 米，第十三街 39 米；水沟仅在第九街北侧有所发现，其他街均未发现。

南北走向的街道，皇城南侧的部分保存良好，尤其以朱雀街和朱雀街两边的四街最为完好。朱雀街，是长安城南北中轴上的大街，南至外郭城明德门，北通皇城朱雀门，且正对着宫城承天门，因此这条街也叫“天街”。当时长安城由长安、万年两县分管，朱雀街就是县界，街东属万年县，街西属长安县。朱雀街的表面，大部分埋在现今地表下 1 米处，有些地方仅深 0.5 米就是路面土了。其路面非常坚硬，路土厚 0.4—0.5 米，下面是生土层，土质也很坚硬，厚约 0.2 米。其他各街的路土也都与此相同。朱雀街的路面，中间略高，两边略低，即断面呈弧形，保存完好的路段均发现了水沟。南端街宽为 155 米，北端朱雀门南侧 200 余米的街宽为 150 米，两侧水沟宽约 3 米。

朱雀门东侧第一街，北通皇城安上门，其保存状态虽不及朱雀街，但大致还首尾相连，街宽 67 米，水沟只在东侧发现了一部分。朱雀街以东第二街，即皇城东第一街，南至外郭城启夏门，北对大明宫兴安门，街宽 134 米，两侧均发现了水沟。朱雀街以东第三街，自春明门街向南的 2 000 多米保存尚好，再往南的部分已被破坏，街宽 68 米，两侧水沟未发现。朱雀街以东第四街，其中仅有春明门街以南约 2 000 米经过钻探调查，因为破坏严重，街宽不一，最宽处为 68 米，水沟未发现。朱雀街以东第五街，即外郭城东墙内的顺城街，保存基本完好，街宽 25 米。以上朱雀门东的南北五街中，三、四、五等三条街的南端尚未经过调查。

朱雀街西侧第一街，北对皇城含光门，街宽 63 米，北端两侧的水沟被发现。朱雀门以西第二街，即皇城西侧第一街，南通外郭城安化门，北端保存良好，南端多被破坏，北端街宽最大值为 108 米，西侧水沟被发现。朱雀门以西第三街，其中金光门街向南2 400米段已经过调查，街宽 63 米，西侧发现了水沟。朱雀门以西第四街破坏严重，仅发现了金光门以南 2 000 多米的断续路面，街宽 42 米。朱雀门以西第五街，即外郭城西墙内的顺城街，街宽 20 米，比东顺城街窄 5 米，街道西侧与城基相连，东侧保存完好的路段发现了水沟。

以上介绍了长安城的街道，而接下来我想再单独将街宽的文献记载与实测结果做一对比。请看下面的表格。

东西街道

	实测	文献
第一街		六十步（88.2 米）
第二街		六十步（88.2 米）
第三街		一百步（147 米）
第四街	75 米	六十步（88.2 米）
第五街	120 米	四十七步（69 米）
第六街	44 米	四十七步（69 米）
第七街	40 米	四十七步（69 米）
第八街	45 米	四十七步（69 米）
第九街	55 米	四十七步（69 米）
第十街	55 米	四十七步（69 米）
第十一街	45 米	四十七步（69 米）
第十二街	59 米	四十七步（69 米）
第十三街	39 米	四十七步（69 米）
第十四街	25 米	四十七步（69 米）

南北街道

	实测	文献
第一街	20 米	一百步（147 米）
第二街	42 米	一百步（147 米）
第三街	63 米	一百步（147 米）
第四街	108 米	一百步（147 米）
第五街	63 米	一百步（147 米）
第六街	150—155 米	一百步（147 米）
第七街	67 米	一百步（147 米）
第八街	134 米	一百步（147 米）
第九街	68 米	一百步（147 米）
第十街	68 米	一百步（147 米）
第十一街	25 米	一百步（147 米）

东西向的街道中，除第五街实测值比文献记载大近一倍外，其他街都是文献记载大于实测值。第五街是连接金光门和春明门的长安城东西向最中间的一条大街，也是皇城南第一横街，四十七步应该是不合理的，实测数字更接近实际情况。南北向的街道中，西数第四（安化门街）、第六（朱雀街）、第八（启夏门街）等街的实测结果接近文献记载的一百步，其他街则均不足百步。安化门街、朱雀街、启夏门街较为宽阔，这说明通城门的街道都会更宽一些。文献中也曾特别提到“城内六街”（《册府元龟》卷十四），据说就是指东西三座城门之间及通往南面三座城门的六条大街。

文献说南北街道凡一百步，除了通城门的街道，其他是否属实令人怀疑，应该以实测数值为准。

以上介绍了长安城的街道，这些街道两旁有的发现了水沟，有的没有发现。但没有发现的地方只是因为遭到了破坏或尚未发现而已，本来都是有水沟的。经发现的水沟，都是上部宽、底部窄，两侧的沟岸与沟底呈斜角。让我们以朱雀街西侧的水沟为例，再来详细看一下。水沟上部宽3.3米，底部宽2.34米，东岸（靠朱雀街西端）高2.1米，西岸高1.7米，断面呈上宽下窄的梯形，两边沟岸的角度为76度。沟岸没有使用木板或砖，但非常整齐，沟底平整，底部铺有0.2—0.3米的沙，其上还有土层，土层中发现了砖片和瓷片，都是唐代的。朱雀街西侧水沟的外侧沟岸（沟西）比当时的地面高出0.3米，说明朱雀街要比两边的地面高。其他各街的水沟结构也都与此相同。

关于水沟，文献也有诸多记载，它被称为杨沟、羊沟、御沟等。据后唐马缟《中华古今注》卷上，长安的御沟之所以称作杨沟，是因为沟边植有高大的杨树；而称作羊沟，则因为建水沟是为了阻止羊接触街边的垣墙；叫御沟，是因为它还承担着将终南山的水引到宫内的任务。防止羊接触垣墙这点，不知是否属实，但诸如排水、引水及城内绿化等功能，应该是需要这些水沟来完成的。文献还说各街都有桥，但并没有发现桥的遗址。

长安城的里坊

长安城内的区划，汉代称作里，而唐代称作坊。曾我部静雄在《都市里坊制的成立过程》（《中国及古代日本乡村形态的变迁》）中指出，坊即“防”之意，原本指为防止内部出逃和外来攻击所设的隔离墙，汉、晋时期的“坊”设在宫城内，北魏以后才用于称呼宫城以外的地方；隋初至唐期间将都市区划公称为“坊”，是为了让都市区划在行政制度上与“百户一里、五里一乡”的乡里制度有所区别，但其实唐代以后，都市的坊有时也会称为里，可见它并非公称，而只是一种约定俗成罢了。

关于唐长安城的里坊，《唐六典》卷七“工部尚书、工部员外郎”条载：皇城南东西十坊，南北九坊，皇城东西各十二坊，两市占四坊之地，凡一百一十坊。《旧唐书》卷三十八《地理志》载，朱雀街东五十四坊，属万年县管辖；朱雀街西五十四坊，属长安县管辖。《长安志》卷七》也说，朱雀门街东为五十四坊及东市，朱雀门街西为五十四坊及西市。《唐两京城坊考》卷二》有相同记载。上述文献中的里坊数略有不同。这些坊原本都有着吉祥的名称，唐代以后有部分修改。改名的最大理由是忌讳，如弘化坊为避孝敬皇帝之名而改为崇化坊，永隆坊为避玄宗之名而改为永平坊，显行坊为避中宗之名而改为昭行坊，类似的情况非常多。

1959 年对长安城展开调查时，坊市的布局及其保存状况被列为了调查重点。先看保存状况。皇城左右的二十四坊中，仅确定了东侧胜业坊和城西金光门内北侧居德坊的范围及一部分坊墙，其他诸坊现在全部都压在建筑物下而无法发现。皇城以南的坊全部都得到了调查，其中皇城南面的四列（三十六坊）及东西两市左右的四坊，保存相当完好，范围很清晰。这些坊内发现了多处坊墙墙基，金光门南侧的群贤、怀德二坊，还有皇城南边的长兴坊，坊墙保存最为完好，其他坊的坊墙则多有损坏。

根据文献记载，坊都有土屏包围，土屏上开设坊门。皇城南边的四列坊，各有东西两座坊门，由坊内东西向的道路连接。其他各坊均设四门，坊内中央有十字街。据调查结果，坊墙的墙基厚度为2.5—3 米不等，各坊的围墙都建在各街道边临近水沟处，与沟之间的距离有 2 米多，有的甚至更近些，怀德坊的墙基就是在距街沟 1.5 米处发现的。各坊内的街道也已得到调查，大都保存状态不佳，只有怀德坊的街道保存相当完好，坊内有东西、南北两条街，两街在坊中心交叉呈十字形，街宽均在 15 米左右。群贤坊，东西街保存尚可，南北街已经连不到一处。皇城南侧的长兴坊，只发现了东西街，未发现南北街，这与文献记载一致。另外，以上诸坊内的街道边均未发现水沟。

坊的面积也得到了调查，因为有的坊墙已经不存在了，所以都是按城内各街道间的距离来计算的。实测结果与《长安志》、吕大防《长安图》、

《唐两京城坊考》等文献记载之间存在一定差异，下面就将两者做一对照，请参照下页表格。

皇城南各坊南北长度

	实测	文献
第一排东西十坊	500 米	三百五十步（514.5 米）
第二排东西十坊	544 米	三百五十步（514.5 米）
第三排东西十坊	540 米	三百五十步（514.5 米）
第四排东西十坊	515 米	三百五十步（514.5 米）
第五排东西十坊	525 米	三百五十步（514.5 米）
第六排东西十坊	530 米	三百五十步（514.5 米）
第七排东西十坊	520 米	三百五十步（514.5 米）
第八排东西十坊	530 米	三百五十步（514.5 米）
第九排东西十坊	590 米	三百五十步（514.5 米）

皇城南各坊东西长度

	实测	文献
朱雀街东第一列坊	562 米	三百五十步（514.5 米）
朱雀街东第二列坊	700 米	四百五十步（661.5 米）
朱雀街东第三列坊	1 022 米	六百五十步（955.5 米）
朱雀街东第四列坊	1 032 米	六百五十步（955.5 米）
朱雀街东第五列坊	1 125 米	六百五十步（955.5 米）
朱雀街西第一列坊	558 米	三百五十步（514.5 米）
朱雀街西第二列坊	683 米	四百五十步（661.5 米）
朱雀街西第三列坊	1 020 米	六百五十步（955.5 米）
朱雀街西第四列坊	1 033 米	六百五十步（955.5 米）
朱雀街西第五列坊	1 115 米	六百五十步（955.5 米）

（各坊东西称排，南北称列）

关于各坊的南北长度，文献记载与实测结果非常接近，仅第九排坊（最南边）差异较大，不过这些坊南端的界线并未明确，数值仅仅是凭发掘者的推测得来的。各坊的东西长度上，文献记载与实测数值也无大的差异，只是朱雀街东侧第二列坊比朱雀街西侧第二列坊要多 17 米，两侧不对称，而这是因为朱雀门和朱雀街比皇城中轴线略微偏西、不在正中的缘故。

以上是皇城以南各坊的情况。前文已说过，皇城左右各坊中，仅右侧金光门内北边的居德坊经过了实测，它南北长 838 米，东西长 1 115 米。据《长安志》卷七等文献，紧邻皇城左右的四坊中，南边数第一、二排坊，南北各五百五十步（808.5 米）；第三、四排坊，南北各四百步（588 米）。居德坊是第一排，在南北长度上没有大的出入。最后还剩下各坊南北长度总和的问题，朱雀门至明德门之间的距离，应该是皇城南九坊南北各三百五十步与东西向横街的宽度各四十七步的总和，即十里二十步（5 321.4米），这仅比实测多了 5.4 米。而《长安志》、吕大防《长安图》、《唐两京城坊考》等，对朱雀门至明德门，均作九里一百七十五步（5 020.05 米），这比实测足足少了 295.95 米。九里一百七十五步这一说法，仅仅是在维持外郭城南北总长十五里一百七十五步的基础上减去宫城、皇城的数值而得来的，这与各坊南北长三百五十步的说法之间也存在着矛盾。因此，长安城南北长十五里一百七十五步、朱雀门至明德门为九里一百七十五步，这两个说法肯定有误。

长安城的东南部

长安城东南，有曲江池和芙蓉园。隋宇文恺营造都城时，这一带地势较高，不宜居住，故从城外引黄渠之水为池，并建芙蓉园。芙蓉园，隋代为离宫，占地三十顷、周围十七里（《太平御览》卷一九七），内有亭台楼阁，乃景胜之地；唐代贞观年间赐予魏王泰，泰亡，又赐予东宫，再后来属家令寺。曲江池和芙蓉园，之前一直被认为含在长方形的长安城郭内，但福山敏男在《唐长安城的东南部——吕大防长安图碑的复原》（《古代学》2 -4）一文中主张，长安外郭城的东城墙在这一带斜折向西，芙蓉园向南城墙外突出很多。也就是说，长安城东南隅呈不规则状，未形成长方形中的一角。福山的论据是宋程大昌撰《雍录》卷三中的“唐都城内坊里古要迹图”、《云麓漫钞》卷八中提到的吕大防《长安图》与绍兴秘书省本即阁本《长安图》。据《云麓漫钞》卷八载，东南隅在都城建造之际，因地高不便，故隔郭外作芙蓉园，引黄渠水注入其中，号为曲江。据福山推测，芙蓉园东西宽五百五十步，突出部分南北长一千三百步。

1957 年，陕西省文物管理委员会对这一带进行了调查，其后，1959 至 1962 年，中国科学院考古研究所西安唐城发掘队对其进行了发掘。曲江池的西墙和南墙西端已破坏不存，不过据推测，这一带原先是有墙的。那么东南隅的整体形状如何呢？南城墙在自西至东 8 150 米处直角折向北，行 510 米后再直角折向东，行 360 米，自此向南，行 1 060 米，再直角折向西，行 250 米，然后消失。在这一范围内，据说东边地势较高的一带是芙蓉园，西边较为低洼的一带是曲江池。

长安城的渠水

长安城内主要的水渠有龙首渠、黄渠、永安渠、清明渠、漕渠，这些在《唐两京城坊考》卷四中有记载，下面就据此文献展开介绍。

龙首渠别名浐水渠，开凿于隋开皇三年（583）。它由城东南引浐水，在通化门东七唐里的长乐坡西北分为东西二渠。东渠向北流经通化门外，自长安城东北角折向西，入东内苑，为龙首池，余水流过大明宫前的下马桥。西渠自长乐坡流向西南，经通化门西南入城，经过永嘉坊南，再向西南入兴庆宫，注入龙池，再向西流经胜业坊、崇仁坊景龙观，入皇城，在少府监南折向北，经都水监、东宫仆寺、内坊以西，向北流入宫城长乐门，注入北边的山水池和东海。

黄渠，自义谷口涧分出，向北流十唐里后一分为二。一支向西流经樊川，与丈八沟汇合；另一支向东北流，经少陵原后向北，入城东南隅，注入曲江池。

永安渠别名交渠，开凿于隋开皇三年。它引交水入城南，经大安坊西街向北，流过大通、敦义、永安、延福、崇贤、延康六坊以西，西市以东，以及布政、颁政、辅兴、修德四坊和兴福寺西，入芳林园，再向北入禁苑，最后注入北边的渭河。

清明渠在永安渠东，也是隋开皇初年开凿的。它引沉水，自丈八沟过杜城北，然后向东北，流入城南。自大安坊东街折向东，过安乐坊西南隅向北，流经安乐、昌明、丰安、宣义、怀贞、崇德、兴化、通义、太平等九坊以西，以及布政坊以东，于右金吾卫东南处向东南流入皇城，经大社北向东，至含光门西，再向北流经尚舍局、将作监、内侍省等东侧，入宫城广运门，为南海，再向北为西海、北海。

漕渠是天宝元年（742）由京兆尹韩朝宗开凿的。它引潏水，由金光门入城，为西市潭，以贮木材。其后永泰二年（766），京兆尹黎干将其延长，由西市经光德坊、京兆府东，自开化坊大荐福寺以东向北，至务本坊国子监东，经皇城东侧过景风门、延喜门，入苑。据说渠宽八尺、深十尺。

以上各渠当中，龙首渠、永安渠、清明渠等的遗址已经过调查，其成果见陕西省文物管理委员会《唐长安城地基初步探测》（《考古学报》1958－3）。根据这个报告，1954 年在春明门北2 100米处发现了龙首渠的遗址，那是由两个宽 1 米的砖石结构涵洞（排水路）并在一起的水道，洞身 5.5 米，顶部在距今地表 1 米处，底部宽 2.5 米，据说这一带是通化门。永安渠在今北三门口村以西，由南三门口村东南斜 30 度入城，直向北。清明渠在今北三门口村以东 200 米处，由安化门西侧向北流入城内。

3. 大明宫和兴庆宫

大明宫和兴庆宫的调查

唐长安城的宫殿建筑中，要属太极宫、大明宫、兴庆宫这三者规模最大。太极宫称西内，大明宫称东内，兴庆宫称南内，三者合称为三大内。三者当中，大明宫和兴庆宫都已经过发掘，其规模可谓相当明确了。关于大明宫和兴庆宫，古文献亦有若干记载，而自从 1933 至 1934 年间北平研究院史学研究会在徐炳昶指导下进行汉唐长安城调查时，于 1934 年二三月间，偶然发现了宋吕大防刻“唐大明宫”“兴庆宫”石刻残存，后来的研究就都围绕着这些残存的石刻来进行了。首先发表的是张鹏一《唐大明兴庆两宫图残石跋文》（《北平研究院务汇报》5－4）和何士骥《石刻唐太极宫暨府寺坊市残图大明宫残图兴庆宫图之研究》（《考古专报》1－1），后来发表的还有高良佐《石刻唐大明·兴庆两宫图考》（《大陆杂志》4－8）等。

后来中国科学院考古研究所对大明宫和兴庆宫进行了发掘调查，使得研究取得了巨大飞跃。1957 至 1959 年，对大明宫土城、夹城、城门进行了实测，并对麟德殿、含元殿、西夹城内建筑、太液池、龙首渠等进行了调查，其成果见马得志《唐大明宫发掘简报》（《考古》1959－6）、中国科学院考古研究所《唐长安大明宫》（《中国田野考古报告集》、《考古学专刊》丁种－11）。1959 年，又对含元殿和西夹城内右藏库等进行了调查，其成果见马得志《1959—1960 年唐大明宫发掘简报》（《考古》1961－7）。大明宫的宫殿复原工作也已开展，关于麟德殿的有刘致平、傅熹年《麟德殿复原的初步研究》（《考古》1963－7），关于含元殿的有郭义孚《含元殿外观复原》（《考古》1963－10）。兴庆宫也在 1958 年进行了调查，发掘了一部分城墙遗迹、勤政务本楼，还有其他建筑的遗址，成果见马得志《唐长安兴庆宫发掘记》（《考古》1959－10）。

大明宫

大明宫是三大内中规模最宏大的一处，它位于唐长安城（外郭城）北禁苑内、今西安城北 1 公里的龙首原上。唐太宗贞观八年（634）选择在干燥而视野开阔的龙首原上建永安宫，供太上皇避暑之用，不想太上皇突然去世，于是贞观九年改名为大明宫，但并未完工。龙朔二年（662）唐高宗患风痹（中风）时，因嫌太极宫地势卑湿，于是命司农少卿梁孝仁重修大明宫，并改名为蓬莱宫。翌年竣工后，高宗移至这里处理政务，但大礼和国家大事仍在太极宫办理。自此，历代唐皇帝都居住在蓬莱宫，但名称多有变动，咸亨元年（670）改名为含元宫，神龙元年（705）又改回大明宫，此后才基本固定。关于大明宫的规模，《唐六典》卷六《东内》和《唐两京城坊考》卷一《大明宫》都记载，其南北五里、东西三里。另据《长安志》，大明宫有二十一门、二十四殿、四阁、四省、十院及楼台、堂观、池亭等。正门叫丹凤门，正殿叫含元殿，只有在大朝会时天子才御临含元殿。含元殿右侧有翔鸾阁，左侧有栖凤阁，三者间有飞廊相连，均建在离地高四十余尺处。含元殿北有宣政殿，这是天子平时处理朝政的地方，宣政殿左右建有中书、门下二省和弘文、史二馆。

下面将根据大明宫发掘调查的结果，分别对其城垣、宫殿和西夹城内的房屋加以介绍。

大明宫的城垣

大明宫城垣整体为版筑土墙，但在城门两侧及城角处表面有砖包裹。西墙全长 2 256 米，顶部在现地表下 0.1— 0.5 米处，墙高一般在 1—2 米，只有一处超过了 3 米。北墙长1 135米，是大明宫保存最完好的部分，其东北角有一 50 余米的土丘，高2—5米，这一带被当地农民称作骆驼岭。东墙保存状态不佳，形状也未呈一条直线，自东北角向东南方向，存有 1 260 米的墙基，自此折向西，304 米后又折向南，又有 1 050 米长的墙基。南墙相当于京城的一段北墙，长 1 674 米。除此之外，大明宫内含元殿、宣政殿以及含元殿以南 140 米等处，都残存有东西走向的宫墙。

前文提到过，《长安志》和《唐两京城坊考》说大明宫的面积为东西三里（一千零八十步）、南北五里（一千八百步）。但吕大防的长安城图题记却作东西二里一百四十八步（八百六十八步）、南北四里九十五步（一千五百三十五步）。实测结果与吕大防的说法接近。此外，文献均记载大明宫为长方形，而调查得知东墙的形状并不规则。东墙形状不规则乃受环境所限，也就是说，东墙假如呈直线的话，就只能建在龙首原西麓下，那样将造成塬高而城低，会十分不利于宫廷的防卫。

再说夹城。大明宫北边，还发现了一处墙垣，它比宫墙要矮小，残高 0.5—1.5 米，顶部宽 3.5 米，底部宽 4 米。据《唐会要》卷三十《宫室杂记》，此乃唐宪宗元和二年（807）命左神策军所筑，置玄化门、晨辉楼。

下面来看城门。据《大唐六典》卷七，大明宫的城门情况如下：南面五门，正中为丹凤门，丹凤门东依次为望仙门和延政门，丹凤门西依次为建福门、兴安门；东墙一门，即左银台门；西墙二门，南侧为右银台门，北侧为九仙门；北墙三门，正中为玄武门，东侧为银汉门，西侧为青霄门。《唐两京城坊考》的记载也大致相同，只是说东墙有二门，南侧为太和门，北侧为右银台门；北墙的青霄门作凌霄门。吕大防的图中，太和门不是开在宫墙上，而是位于宫墙外的夹城上，看来太和门的位置还是个遗留问题。

《大唐六典》记载的十一门中，除了望仙门、延政门、右银台门，其他的均已得到确认。具体情况如下：

（1）南面的门

五门中的丹凤门、建福门、兴安门已经过调查。

丹凤门位于南墙正中，与含元殿南北呼应，两者间的距离为 610 米，西距大明宫西南城角 650 米，东距东内苑东墙约 1 100 米。有三个门道，宽度均为 9 米，门道间隔为 4 米。门迹基台平面呈长方形。诸门之中丹凤门最大，其他门都只有一个门道。

建福门在丹凤门西 415 米处，现被埋在市区之下。兴安门在西南城角西端向东 60 米处，东距建福门 260 米，门基破坏严重。

（2）西墙的门

右银台门遗址在西墙的中间部分，距南墙 1 300 米，仅有一个门道，宽 5 米余，门基损毁严重。九仙门遗址在右银台门北 60 余米处，规模同右银台门，一个门道，宽同右银台门，保存状态相对好一些。

（3）北墙的门

大明宫北面的正门是玄武门，但略偏西，它距西北城角 538 米、东北城角 597 米，门迹破坏严重。门道为一，西侧存有门楼基台，表面包裹有厚 0.7 米的墙砖。门的基台呈长方形，东西长 34.2 米，南北长 16.4 米；门楼基台呈梯形。玄武门的门道中间发现了一个石门槛，它长 1.86 米，高 0.45 米（其中 0.15 米埋在地下），上部宽 0.24 米，底部宽 0.28 米；为了方便车辆通过，门槛上还刻有宽 0.2 米的车辙槽，两辙的间距是 1.36 米，这至少可以说明，当时宫廷用车的车轮间距就是 1.36 米。门槛两侧的门道上也有车辙印，说明宫内的车都由此门出入。玄武门自大明宫初建时就有了，但据《长安志》和《唐两京城坊考》记载，德宗时期造门楼，外设两廊，令持武器宿卫，名曰北衙。由此可知门楼为德宗时期所建。玄武门南20米处，还有一座小门与玄武门相对，门道宽度同玄武门，高出地面0.15米，此门未见文献记载，发掘者将其命名为内重门，推定建于玄武门同时期。

银汉门位于玄武门东385米处，是一座非常小的门，门道中间铺有一块南北长1.2米的方形石，两侧有南北长度为1.45米的石壁，再往两侧是厚0.35米的砖墙，门的北侧入口破坏严重，但似乎与中间部分一样。青霄门位于玄武门西355米、自西北城角向东195米处，此门尚未发掘，但通过钻探得知，其规模和形制与银汉门没有区别。

以上是北墙诸门，而围在北墙外的夹城上也有一座门，即玄武门正北156米处的重玄门。此门保存相当完好，门道两侧的城楼基台高出现在地面4米（高出当时地面6米），整个土丘呈马鞍形，中间的低处即门道所在。门道就一个，宽5.2米左右，中间有三道青石门槛，门槛两端下方有长1米、宽0.5米的枕石。三道门槛上面似乎都曾有门，以枕石的距离计算，门宽在4.7米左右。门道两边各有11个柱础，南北水平排列。门道两侧的墙壁上也发现了很多柱穴，据说是加固楼基用的木杠遗迹。

大明宫内的宫殿

据《长安志》，大明宫有24座宫殿。现今已探明位置的为20座，但得到发掘的却极少。下面就含元殿、宣政殿、紫宸殿、麟德殿等几座主要宫殿加以介绍。

（1）含元殿

位于丹凤门北610米处，与丹凤门南北相对。殿址在龙首原南沿上，比周围平地高出10米多。殿庑面积为东西60余米、南北40余米，铺有地砖的殿址地面，距今地表1米多。殿内有两列方形柱础，每列10个，柱础长、宽各1.4米，厚0.48米，柱础与柱础的间距是5米。此外周围也有方形或圆形的柱础、柱洞，乃围廊所用。殿的东西设有两阶，殿后亦然，两阶距离为五间（27米）。殿顶为庑殿式，据郭义孚推测，殿顶高4.2米。据《新唐书》卷三十五《五行志》，太和九年（835）四月辛丑日，大风将含元殿的四个鸱尾吹落，由此可知含元殿顶是有鸱尾的。殿前东西两侧，各残存有一座高大的夯土台，这就是翔鸾、栖凤两阁的遗址，两阁间距为150米。此外，传说中的殿前龙尾道，经发掘证明，一共有三条，中间一条宽25.5米，左右两边的宽4.5米。龙尾道的断面呈折线形，北连龙首冈，南接地面，恰如龙尾下垂至地面。龙尾道上发现了大量的莲花砖，大概是当时铺就的，据郭义孚推测，斜面铺的是莲花砖，水平面铺的是没有花纹的素砖。

（2）宣政殿

它位于含元殿正北300米处。据钻探调查，殿址东西长70米，南北长40余米，殿址两侧有东西走向的宫墙。据《唐两京城坊考》卷一，宣政殿的门叫宣政门，门外的两廊叫齐德门、兴礼门，门内的两廊叫日华门、月华门；日华门东有门下省、弘文馆、待诏院、史馆、少阳院等，月华门西有中书省、御史台、殿中外院、殿中内院、命妇院等。宣政殿南130余米处有一小土台，据说就是宣政门的遗址。另外，西侧的地层保存良好，有南北走向的土墙（宽2米左右），南端与含元殿西侧的宫墙相接。沿此墙东侧，有许多小的夯土基址，据推测，此为月华门以及宣政门西侧兴礼门等的遗迹。文献中记载的诸多建筑物的遗存，还有待今后调查发现。

（3）紫宸殿

据《唐两京城坊考》卷一，宣政殿后有紫宸殿，殿门名紫宸门，是天子的便殿（休息的地方）。紫宸门遗址在宣政殿北35米处，紫宸殿遗址在紫宸门北60米处，也就是说紫宸殿在宣政殿以北95米处。殿址破坏严重，仅剩下东端的一部分，只知其南北长约50米。

（4）麟德殿

以上介绍的含元、宣政、紫宸三殿，是大明宫的正殿，是皇帝处理政务和召见群臣的地方。而麟德殿是举办宫廷宴会或接待藩臣来朝的地方，也是大明宫内规模最大的殿。它位于右银台门西北、太液池正西隆起的一处高地上。麟德殿的发掘始于1957年12月，1958年5月至1959年5月期间也进行过挖掘。其台基为版筑，周围以砖包裹，形状是长方形。第一层台，南北长130.41米，东西长77.55米，高1.4米；第二层台，南北不详，东西长65.15米，高1.1米。殿堂、廊庑等建于第二层台上，殿堂柱础南北17列，东西10列，共164个。殿堂由前（南）、中、后（北）三个殿组成，中间的是主殿。中殿东西九间，全长47.7米，纵深五间（19.7米），前后各有三个门。三殿周围有回廊，殿西有结邻楼，楼前有西亭；殿东有郁仪楼，楼前有东亭。两楼残存的基址仍有5米高，可知它们曾是高台建筑，基址为长方形，面积为南北10米、东西26.3米。两亭的基址也有约5米高，南北10.15米，东西11.15米。

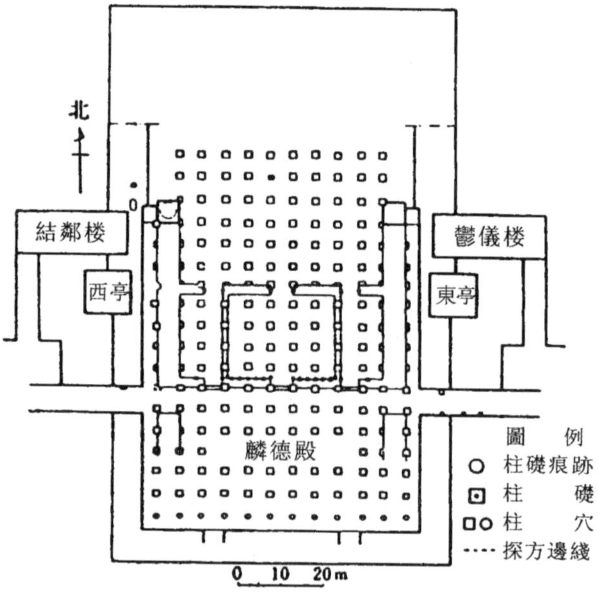

西安大明宫麟德殿遗址平面图（《新中国的考古收获》）

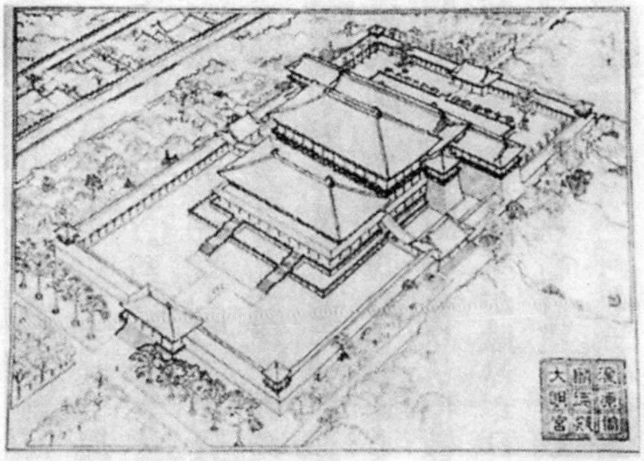

大明宫麟德殿复原图（《考古》1963－7）

据《旧唐书》卷十五《宪宗本纪》载，元和十四年（819）八月，宪宗与田宏正、大将判官二百人宴于麟德殿，可见麟德殿的面积足以容纳二百人以上。而另据《册府元龟》卷一一〇载，大历三年（768），剑南、陈、郑神策军将士三千五百人宴集麟德殿。三殿加在一起恐怕也容纳不了这么多人，也许是将殿庭、回廊也都用上了。

（5）西夹城内的房屋

除宫殿外，1957至1958年间，在麟德殿西北200米、西侧宫墙外的夹城内，还发现了房屋遗址。这处遗址埋于现地表以下1.8米处，南北残长17米、纵深3.8米，四周为版筑土墙，残高0.1—0.25米。后墙中间部分有5个柱穴，没有础石，为立柱穴。西面存有二门，南面存有一门，北门已被破坏，但想必与南面一样，也有一门。这座房屋的北边似乎还有房屋，但遗址尚不明确。

在上述房屋遗址西侧的坑以及西夹城的灰坑内，出土了大量的封泥，共160多块。封泥分为印文和墨书两种，写的是进贡物品的名称，进贡者的身份、地位、姓名等等。贡品的地点有云南、歙州、潭州、睦州、润州、凤翔、华州、河中、磁州、湖州等十余处，它们属于当时的关内道、京畿道、河东道、河北道、江南（浙江）东道、江南（浙江）西道、剑南道。出土封泥中属江南东、西道的最多，仅潭州一处就有30多块。根据封泥上的纪年，其大部分为穆宗、文宗、宣宗时期的。进贡者有节度使、观察使、各州刺史及以下官员。下面举一个具体例子，有一块封泥叫云南安抚使印，是用来封瓶口的，直径13厘米；印为正方形，每边长5.2厘米，印文为篆书，即“云南安抚使印”六字；另外还有四行楷书墨字，第一行已经无法识别，第二行有“西川节度使”五字，第三行有“进酒壹瓶□□”，第四行有“□□银青光禄大夫检校兵部尚书同平章事〔成都尹〕上柱国〔陇西〕郡开国公臣〔李回（?）〕□”等三十八个字。云南安抚使由剑南西川节度使兼任，此封泥为李回（见《旧唐书》卷一七三）进贡时所用。

大明宫西夹城内出土的封泥
“云南安抚使印”（《唐长安大明宫》）

出土如此多的封泥，说明这处遗址是仓库。据《唐两京城坊考》卷一，右银台门北有左藏库。有人推测或许就是此处遗址所在，但左藏库好像是收藏金银珠宝等贵重物品的，应该不是夹城外的这处遗址。遗址是收藏进贡食物的仓库，应该是文献没有记载的。

兴庆宫

兴庆宫的所在，为唐长安城兴庆坊旧址，东邻外郭城东墙，在今西安城东南1公里处。它最初是睿宗赐给五王子的宅邸，玄宗为皇太子时也曾在此居住。兴庆坊原名隆庆坊，因忌玄宗之名隆基而改为兴庆坊。开元二年（714）七月二十九日，兴庆坊全域变为宫殿，名兴庆宫。据《大唐六典》卷七，兴庆宫开元初期曾经作为离宫；开元十四年，取邻接的永嘉坊（兴庆坊北）、胜业坊（兴庆坊西）西半，扩大兴庆宫，是年作朝堂，并开通了自大明宫东经通化门至此的夹城复道；开元十六年正月初三，玄宗迁入兴庆宫处理政务；开元二十四年六月，扩建花萼相辉楼，筑夹城至芙蓉园，十二月三日，毁东市东北角及道政坊西北角以扩大花萼相辉楼前庭。

下面根据《唐两京城坊考》卷一的记载，来看一下兴庆宫的主要建筑。宫的正门朝西，名兴庆门，门内有兴庆殿，殿后有龙池。龙池原来不大，后引龙首渠进行了扩大，神龙、景龙年间，面积达数顷，深达数丈，常年云气缭绕，时出黄龙，称为兴庆池、五王子池等等。池西有文泰殿（天宝十载［751］）完成，殿西北有沉香亭。兴庆门南为金明门，门内有翰林院。

兴庆宫南面有二门，西侧的叫通阳门，东侧的叫明义门。通阳门内还有明光门，内有龙堂和五龙坛。明义门内有长庆殿，其北有睿武门。兴庆宫北面有三座门，正中为跃龙门，左侧为丽苑门，右侧为芳苑门。跃龙门内有瀛洲门、南薰殿，芳苑门内有新射殿、仙云门。兴庆宫西南隅有花萼相辉楼（花萼楼），其东边是勤政务本楼，其北有大同殿。此外，宫内还有咸宁殿、义安殿、积庆殿、冷井殿、会宁殿、飞仙殿、同光殿、荣光殿、宜天门、承云门、飞轩门、玉华门、和风门等。

兴庆宫的发掘

兴庆宫在1958年进行了发掘，其成果见马得志《唐长安兴庆宫发掘记》，下面就依据此次发掘的成果展开介绍。此次发掘，地点仅限于兴庆宫的西南隅，发现了城墙、勤政务本楼及其他房屋、回廊等建筑遗址10余处。

首先看整体，兴庆宫遗址南北长1 250米，东西长1 080米，呈长方形。其中已发掘的西南隅宫墙，最南端有56.5米，其宽幅为10.5米，再向北，宽度变为5米，高0.5米。南侧的宫墙为两重，靠北的一重，墙基宽5米，上部宽4.4米，残高1米左右，勤政务本楼就建在这处宫墙上面；靠南的一重，宽3.5米左右，与大明宫北部夹城的宽幅大体相同，这处宫墙保存状态不佳，残高仅有0.3—0.6米。西侧及南侧的两重宫墙，均为版筑土墙，没有发现外面有用砖包裹的痕迹。这一地点发掘的建筑遗址，共17处，发掘者为其都编了号，即1号到17号，下面我介绍时也将沿用这些编号。

1号是勤政务本楼遗址，它位于南侧宫墙之上，距西宫墙125米，楼址呈长方形，现存有东西6列、南北4列柱础。中间两列柱础的直径不详，南北两侧的柱础直径为0.9米左右，柱础面与当时的地面平齐。根据柱础来看，楼址东西五间（26.5米），南北三间（19米），面积为500余平方米。在东西五间里，正中的一间为门道，两侧的四间均为长方形基台，向外连接着两边的宫墙，基台宽8.1米，残高0.4—0.6米。正中的门道，宽幅为4.9米，门道中并排铺着两块石门槛，间距为3米，门槛呈长方形，宽0.3米，比地面高出0.15米，门槛上凿有车辙沟；间距1.38米，与大明宫玄武门的门槛同宽。门道西侧列有柱础，现存4个，据推测原有七八个，各柱础低于门道0.15米。柱础大小不一，最大的长0.6米、宽0.5米，最小的长0.38米、宽0.25米。门道北端，两侧有烧土坑，从其位置看，东西两侧各有阶梯，呈对称状。楼址地面高出当时地面0.1米，楼址内几乎都是红烧土，看来楼曾经被火烧过。

据《玉海》卷一六四引韦述《东京记》，勤政务本楼是开元八年（720）与花萼相辉楼一起建成的。而《资治通鉴》卷二一一《玄宗纪》载，开元二年就已经有上述两座楼了，这值得怀疑。勤政务本楼在玄宗时代是办理公事的地方，诏令均由此发出，同时也举办过很多盛大的宴会。据《新唐书》卷二十二《乐志》，玄宗寿辰时，有装饰华丽的一百匹马与大象、犀牛等一同在此楼前拜舞，君臣共赏。

2号建筑遗址，在勤政务本楼遗址的西南方。该建筑南侧以宫墙为后墙，东西长九间（41米），纵深两间（10米）。中间东西有一列柱础，共10个，大小都在0.7米左右，与地面平齐。东、西、北三面为砖墙，墙厚

0.6 米。北面有三条长 2.2 米、铺有花纹砖的坡道，中间一条宽 3.4 米，两边的宽 3.15 米。房基高出当时地面约 0.5 米，压在 3 号和 4 号遗址的上面，据推测，其建筑时间要晚于勤政务本楼。此房屋遗址中还发现了印有"天宝二（载）五月官瓦"的板瓦，根据房屋位置推测，它应该是守备兴庆宫的禁军所居之处。

3 号建筑遗址位于 2 号遗址的东侧偏西北处，南端压在 2 号遗址东端之下。基址南北长 6.6 米，东西长 6.1 米，近正方形，这里没有发现柱础，四面都是砖墙。4 号遗址在 3 号遗址以西 15 米处，北面离宫墙不到 1 米，东西长 21.35 米（约五间），南北 11.1 米（约两间），四面也都是砖墙，可能与 3 号遗址的建造年代相同。

以上 2 至 4 号遗址，均位于南侧两重宫墙之间，而接下来要介绍的 5 号及以上的遗址，则都位于宫内。5 号遗址仅存东南角的一处砖墙和一条长 2 米、宽 2.7 米的花纹砖通道。6 号遗址面积最大，基台也非常高大，但因其位于其他遗址之上，所以可知它的建筑年代也最晚，遗址南北存有柱础，推测建有回廊。这处遗址的回廊周围，还发现了 5 处水井遗址，大明宫麟德殿西侧也发现了两口水井，据推测，这些水井除了供一般用水外，还曾有防火设施的作用。7 号遗址在 6 号遗址横廊的南侧，仅存一部分。8 号遗址在 7 号的南侧，其半面呈半圆形，被推测为一处回廊建筑基址。9 号遗址位于 8 号以西 7 米左右的地方，西边距西侧宫墙 7.5 米，遗址几乎为正方形，南北 17.7 米、东西 17.1 米，没有柱础，四面各有一门和砖砌的台阶，被推测为大型亭阁基址。10 号遗址在 9 号的东北部，被 6 号的回廊遗址破坏，遗址呈正方形，每边长 14 米，也被认为是一处亭阁遗址。11 号遗址在 10 号的北侧，仅存有花纹砖坡道。12 号遗址也仅剩下西南角的一小部分砖构基台。13 号基址在 8 号圆形廊址的南侧，从南端仅存的两个柱础（回廊柱础）来看，这处遗址也被 6 号的回廊破坏了。14 号基址在 9 号的北侧，存有砖墙的墙基，遗址为正方形，每边长 4.5 米。15 号基址在 5 号的东侧，南北狭长，仅发掘部分，南北长就超过了 80 米，宽度是 6 米，此处被推测为长廊遗址。16 号基址位于 15 号基址的东侧，是与之平行的一条南北甬道。再往东是17号基址，它也与15、16号平行，南北列有8个大柱础，总长29米，柱础间距4米。据说，17号基址这一带应该是花萼相辉楼遗迹。花萼相辉楼之名出自《诗经·棠棣》，乃取花盖萼、萼承花、相映生辉之意，比喻兄护弟、弟敬兄、互爱共荣。据说玄宗非常爱护兄弟，经常招兄弟诸王相聚花萼相辉楼欢娱。

以上这些兴庆宫西南隅的遗址，被认为全部都是开元十四年（726）占永嘉、胜业二坊之地加以扩建之后所建之物，但其中还可以细分为三期。7、8、9、14及其西侧的两口井年代最早，5、10、11、12、13、15、16次之，6号回廊遗址年代最新。这些遗址的出土文物极少，仅有砖、瓦、瓦当等，但其中有100多件是带字的。带年号的也不少，开元年间的仅有一件“春明开廿九五月官（瓦）”，其余几乎都是天宝二、三、四、五、八载的。文献记载兴庆宫扩建工程止于开元二十四年，但根据出土物可知，其后也还多次对兴庆宫进行过修筑。

4. 人口及其构成

人口总数

长安城属万年、长安两县，而此两县又在京兆府京兆郡的管辖之下。据《新唐书》卷三十七《地理志》，京兆府县数为二十，户数为三十六万二千九百二十一，人口数为一百九十六万零一百八十八，依据的是天宝元年（742）的统计。但这里计算的户口数，仅包括土户即承担税役的本地户籍，而且统计还有疏漏，因此并不一定准确。再说，单凭这一数字，也不能知道长安城所属的万年、长安两县的人口到底占多少比例。外山军治《唐长安的人口》（《学海》4－5）一文，引用其他的资料来推算长安的人口，即下引韩退之《论今年权停举选状》（《四部丛刊》本《朱文公校昌黎先生文集》）中的一段。

> 右臣伏见今月十日敕：今年诸色举选宜权停者。道路相传，皆云以岁之旱，陛下怜悯京师之人，虑其乏食，故权停举选，以绝其来者，所以省费而足食也。臣伏思之，窃以为十口之家，益之以一二人，于食未有所费。今京师之人，不啻百万；都计举者不过五七千人，并其僮仆畜马，不当京师百分之一。以十口之家计之，诚未为有所损益。又今年虽旱，去岁大丰，商贾之家，必有储蓄。举选者皆赍持资用，以有易无，未见其弊。

韩退之的奏状，乃德宗贞元十九年（803）所作，是年自正月至五月连续干旱，于是德宗下敕，临时停止当年的举选（官吏任用考试），而韩退之认为不宜停止举选，故上此奏状。奏状中说“今京师之人，不啻百万”，因此外山据此推测，长安人口至少在一百万以上。后来，平冈武夫《唐代的长安与洛阳·地图·长安城Ⅴ》、日野开三郎《唐代邸店的研究·四－Ⅰ》等又增加了其他资料，支持长安人口百万之说。“长安百万家”这种说法，在唐诗中经常出现，《全唐诗》中如卷二〇一岑参《秋夜闻笛》有“天门街西闻捣帛，一夜愁杀湘南客。长安城中百万家，不知何人夜吹笛”；卷三三七韩愈（字退之）《出门》有“长安百万家，出门无所之。岂敢尚幽独，与世实参差”；卷五七一贾岛《望山》有“长安百万家，家家张屏新”等。唐诗中多以百万、十万、一万等这样的数字来描写城市人口，日野认为这是一种概数，只能表达出大概的数字范围，“百万”也许水分比“十万”还要大些，这是为了使诗句富有夸张的修饰性，不适宜用“十万”的二十万以上数字，可能都会用“百万”来表示。日野指出，在岑参生活的时代，玄宗时期长安的户数达到二十万，其后迅速增加，元和、长庆时期（806—824）以后的户数也许达到三十多万。按照前述京兆府的人口数字，一户有4—5人，那样的话，二十万户的总人口就有可能真是一百万。

下面再看一下其他史料。《长安志》卷十《西市》的原注中说，长安县领四万余户，较万年县多，户数中不含浮寄流寓者。“浮寄流寓”指客户（即寓居者），而“四万余户”应该仅指土户（本地居民）。这里没有万年县的户数，但我们已知长安县领五十九乡，而万年县领四十五乡。按照唐令百户为一里、五里为一乡计算，一乡应该是五百户，但用长安县的户数四万余除以长安县的五十九乡，实际长安县每乡平均约七百户。如果用一乡七百户来计算的话，万年县应该有三万数千户，长安和万年两县相加，大约该有八万户。按照一户五口人来算的话，长安城内的人口就是四十万，而这仅仅是土户的人口。

根据易曼晖《唐代的人口》（《食货》3－6），唐代不计入户籍的人包括僧侣、杂户、官私奴婢等下层贱民、客户及军队。平冈武夫对僧侣、军队的人数作了如下推测——《两京新记》记载的长安宗教建筑，有僧寺六十四、尼寺二十七、道士观十、女观六、波斯寺二、胡祆祠四，其中不包括天宝以后新增的。而据《酉阳杂俎续集》卷六，慈恩寺有敕度僧三百人。三百人仅是敕度的，实际人数可能还要多得多。那么，长安城寺院中的僧尼、女婢及寄居者，平均每个寺院按四百人算应该是合适的，再加上道观等，那长安城内仅宗教方面的人口，就应该在五万以上。士兵数量呢？府兵制时期应该不下八万，而开元十三年（725），十二卫就拥兵十二万。天宝七载（748）左右禁军的总数为六万，其他还有东宫六率府，长安在住的士兵大约应有十万人。其他下层阶级中，客户人数应该最多，据日野推测，客户数量与土户数量相当。那么，客户、土户相加约十五万户，每户按五人计算就是七十五万人，再加上前面说的僧侣、士兵、下层贱民等，大约就是一百万人。这个推测结果虽与唐诗中的“百万”近似，但两者在人口的构成上并不同，唐诗的“百万家”所指即便为二十万户，那百万也仅仅指的是在籍人口，而按照后一种方法推测，则既包括在籍者也包括不在籍者。唐诗的数字并不能如实反映现实情况，我认为还是后一种计算方法较为稳妥，即土户四十万人，加上其他客户、僧侣、士兵、下层贱民等，总共一百万人左右。

人口的分布

将长安城的人口总数按一百万计算，那么这些人是如何分布的呢？如前所述，长安县有四万余户，万年县应比之略少。长安县管辖朱雀街西的五十四坊、一市，万年县管辖朱雀街东的五十四坊、一市，两县的坊市数量相同，不过乡数不同，长安县是五十九乡，万年县是四十五乡，前者比后者多十四个乡。据《长安志》卷八《东市》说，万年县的户口数少于长安县，那是因为万年县居住的多为公卿勋贵，而西半边长安县居住的多为一般庶民，商人们也大都聚居在西市。《唐两京城坊考》中记载着各坊贵族官僚（含公主宅）宅邸及其主人的情况，现将各坊的宅邸数量整理如下：

【万年县】

兴道坊 1	开化坊 9	安仁坊 10	光福坊 5	兰陵坊 4
务本坊 5	崇义坊 10	长兴坊 19	永乐坊 9	靖安坊 11
昌乐坊 1	安德坊 1	翊善坊 3	光宅坊 1	永昌坊 1
来庭坊 6	永兴坊 5	崇仁坊 8	平康坊 16	宣阳坊 21
亲仁坊 18	永宁坊 21	永崇坊 14	昭国坊 11	晋昌坊 2
通济坊 2	大宁坊 10	安兴坊 16	胜业坊 10	安邑坊 8
宣平坊 13	昇平坊 12	修行坊 7	修政坊 12	兴宁坊 7
永嘉坊 9	兴庆坊 12	道政坊 6	常乐坊 10	靖恭坊 16
新昌坊 24	昇道坊 4	敦化坊 5	曲江 1	

【长安县】

安业坊 3	永达坊 1	光行坊 1	太平坊 10	通义坊 5
兴化坊 7	崇德坊 3	怀贞坊 4	宣义坊 4	丰安坊 1
安乐坊 2	修德坊 3	辅兴坊 4	颁政坊 5	布政坊 6
延寿坊 3	光德坊 8	延康坊 2	崇贤坊 8	延福坊 5
永安坊 2	敦义坊 1	大通坊 1	安定坊 1	休祥坊 2
金城坊 4	醴泉坊 4	怀远坊 1	长寿坊 4	嘉会坊 2

永平坊 2　修真坊 1　普宁坊 2　义宁坊 2　居德坊 3

群贤坊 2　怀德坊 4　崇化坊 1

以上数字仅为一部分，而且各个时期也会有所不同，但通过这个列表还是能够明显看出来，万年县的贵族官僚宅邸要远远多于长安县。而且这些人的宅邸大多集中在离皇城和市场较近的中央区域，万年县和长安县都是如此。此外，贵族官僚大都选择住在万年县一侧，除了上述原因外，还与地势有关。长安城的地形是东南高、西北低，据《长安志》卷八载，万年县的昇平坊，在长安城内地处最高，可以俯视整座京城。因此，永宁、永崇、昭国、宣平、昇平、修行、靖恭、新昌一带诸坊，虽然离皇城较远，但也许就因为地势好，所以集中了许多的贵族官僚宅邸。

一般的庶民都聚居在市场附近的区域，即长安城东西两边的中心地带。万年、长安两县中，人口最为密集的就是城内东西两边的中间部分。城南部分人口最稀少，据《长安志》卷七《开明坊》，兴善寺所在的靖善坊以南，兰陵、开明、保宁、安义等诸坊几乎没有居人邸宅，而是阡陌纵横的农耕地带。其实还不止靖善坊南边这 4 个坊，兰陵东西两边各坊向南，情况也大都如此；另外，城北尤其是西北部，人口也不太密集。不过，《长安志》记载的是开元年间（713—741）的情况，后来空疏的坊内好像也逐渐被民居填满了。据《长安志》卷十载，太和二年（828），休祥坊内右龙武营不用的地块，分赐给了 300 个百姓。休祥坊是西市北第三坊，占据着长安城西北角的一部分，将其重新分配给 300 个人，每个人也分不到多大面积，或许就是做宅基地用的。类似的现象后来在城南的区域也有发生。

5. 市制与行

市的位置

关于设在唐长安城内的市，笔者曾在《唐代的市制与行——特别以长安为中心》（《东洋史研究》25－3）一文中进行过论述，下面的介绍将基本依据该文展开。

唐代长安主要的市，当然是东市和西市。前者承袭了隋大兴城的都会市，后者承袭了利人市。东西两市分别位于皇城的东南和西南，呈对称分布。前文曾经说过，森鹿三认为，北魏洛阳的大市和小市，位置也基本对称，这应该是隋唐长安城两市位置的原型。笔者认为他的分析是正确的，但不同的是，北魏洛阳的大小市位于城外，而隋唐长安的东西市位于城内。主要市场由城外移至城内的这种变化，可能与城市规模的扩大、商业的发达以及商人地位的提高等有关。

东市及其构造

近年的发掘调查，让我们了解了一些市在构造方面的新事实，且事实与文献记载存在着若干不同。下面先来看东市的情况，《长安志》卷八对东市的描述如下：

> 南北居二坊之地。（注曰）东、西、南、北各六百步，四面各开一门。定四面街，各广百步。北街当皇城南之大街，东出春明门，广狭不易于旧。东南及南面三街向内开，壮，广于旧街。市内货财二百二十行，四面立邸，四方珍奇皆所积集。万年县户口减于长安，文公卿以下民止多在朱雀街东，第宅所占勋贵，由是商贾所凑多归西市。……

此段记载中有几处错误。《唐两京城坊考》卷三关于东市的记载，虽与《长安志》大都相同，但两处文字有别。“四面各开一门”为“四面各开二门”。“东南及南面三街向内开”为“东西及南面三街向内开”。此外，足立喜六在《长安史迹研究》中也对《长安志》的记载作了两处订正，一是针对“四面街，各广百步”，说南街的确是百步，而北街为九十一步，东西两街为一百二十五步；另一个也与上一点有关，《长安志》说北街“东出春明门，广狭不易于旧”，照此说法，春明门街应该是四十七步，但实际却与东市北街同宽，均近一百步。

1959年起，曾开展东市遗址的调查。1960年，确定了其大概的范围，同时还对东市东北隅放生池的一部分进行了发掘；1962年，进行了形制、街道方面的实测及调查。上述成果见于《唐代长安城考古纪略》（《考古》1963－11），据此报告，东市规模为南北1 000余米、东西924米，并非文献记载的正方形，而是略有偏差，长度也都大于文献所说的“六百步”（882米）。根据调查，市的四面有围墙，现有部分墙基残存，西北角和西南角保存良好。东墙仅在中间偏北存有120米，墙基厚6—8米，比西市的墙要厚。东市四面的大街均保存完好，东、西、南三面的街宽均为122米，北面春明门街的宽度为120米。《长安志》说四面街各广百步（147米），但实测结果均不足百步，且北街的宽度不同于其他。足立喜六的订正也被证实有误，足立说南面一百步、北面九十一步（133.77米）、东西各一百二十五步（183.75米），但实际呢，除北街最窄这一点与实测结果一致外，各街宽度均与实测不符，南、东、西面三街宽度不同的说法也都不正确。综上所述，东市在整体面积上，实测结果大于文献记载，而在周围四街的宽度上，实测结果要窄于文献记载。

关于东市的内部构造，根据《唐两京城坊考》所说的“四面各开二门”，那么市内应该有东西向和南北向的街道各两条，即呈井字形结构。对市内街道遗址的调查，仅限于西街北端和南街西端，实测街宽近30米，几乎是西市街宽的两倍，这说明《长安志》中的西市较东市稠密之说是成立的。北街与西街的交叉十字处有东西段长80余米残存，东街破坏严重，不过从西北十字的位置看，东市与西市一样，肯定是有四条市街的。

西市及其构造

关于西市，《长安志》卷十有如下记载：

> 南北尽两坊之地，市内有西市局。（注曰）隶大府寺。市内

店肆如东市之制。长安县所领四万余户，比万年为多，浮寄流寓不可胜计。市西北有池，长安中沙门法成所穿，支分永安渠以注之，以为放生池。

据此，西市形制与东市同。西市遗址在今西安城西南1公里多的糜家桥与东桃园村之间。1959年至1962年，中国科学院考古研究所对其进行了发掘调查，成果见《唐长安城西市遗址发掘》（《考古》1961－5）及前出《唐代长安城考古纪略》等。西市的形制，原来被认为是正方形，长宽各1 050米，但通过1961年的再次调查，发现它与东市一样，也是南北略长于东西的长方形，南北长1 031米，东西长927米，规模和东市差不多。市的北、东、西三面，残存有版筑的围墙，厚度均在4米左右。市的四门已被破坏，看不出原来的形制。市四面各街，西面大街的西端残存部分宽94米，东面大街宽117米，南面大街宽120米，北面金光门大街也是120米宽。

市的内部有南北向和东西向的街道各两条，四街交叉呈井字形。街宽16米，南北二街间隔309米，东西二街间隔327米，北侧第一街距市的北墙336米（含沿墙街道，下同），东侧第一街距东墙293米，街两边均有水沟。如此，市的内部四街交叉，分为九个长方形区域，正中的区域东西长295米、南北长330米，被认为是市署和平准局的所在地。其他八个区划，店铺都设在临街的部分，因为临街部分的房屋遗址要相对稠密。各个区划内还有便于通行的小巷，巷道下面都有用砖铺成的下水道，通往大街两边的水沟。看来市的分区、布局、排水等，均十分完备。

1960年至1962年对西市的若干地点进行发掘调查，得到了一些新的发现，下面就几个发掘重点进行一下简单梳理。

①发掘地点为西市南街东端南侧的一部分，发掘时间为1960年。这里引人注目的是道路、居住遗迹、排水沟、圆形建筑等。道路一共发现了上中下三层路面，分别是唐早、中、晚期之物，其中早期的遗存状态较好，以石铺底，再用土加固而成，质地非常坚硬，路宽16—18米，其中车马道

宽14米，还发现了车辙，幅宽1.3米。路两边各有宽30厘米（断面呈半月形）的敞口排水沟，沟的外侧还有1米宽的人行道。居住遗址也分三层，破坏都很严重，已经无法复原。早期的路面两侧发现了南北相对的两处居住遗址，出土了砖、瓦、盆、罐、三彩陶器碎片、大量的瓷碗瓷盆碎片、开元通宝及乾元通宝等铜钱以及少量的铁块，遗址内还发现了石臼、石杵，还有南侧临街地面上的几个小圆坑，这一带被认为是经营饮食业的场所。排水沟有土建和砖建两种，均敞口无盖，土建的在早期路面的两侧，砖建的与晚期路面年代相同。此外还发现了两处圆形建筑，底部低于当时地面（中期）1.3米，两处形态相同，均上大下小，东1号口径4.48米、底部直径4.08米，东2号口径5.5米、底部直径5.1米。这两个被认定为储藏设施。

②发掘地点为北街中部，时间为1961年，发掘面积1 000余平方米。这里引人关注的有街道、水沟、居住遗址等。北街的街道有30多米进行了发掘，街宽为16米，街面高于两边的居住遗址面，路土厚1米多，似乎是由最早的路面逐步堆积而来的。街上发现了车辙印，幅宽都是1.35米。水沟设在街两边，与街平行，南侧多已被破坏，北侧保存完好。水沟的建造分为早晚两期，早期的窄些，位于晚期水沟的下面，底宽0.75米，口宽0.9米，沟的两岸装有木板，木板外有立柱，这是防止沟岸滑坡用的。晚期的水沟，两岸上砌有长方形的砖，底部也铺着没有纹饰的方砖，沟口与沟底宽1.15米，深0.65米，沟口与晚期的街面平齐。街南（水沟南侧）的居住遗址得到了部分发掘，它保存不佳，仅剩下一部分土墙、住宅地面和灶址。住宅的规模也不大，最长的也不到10米，就三间左右；最短的4米，就一间大小；仅存部分的纵深为3米。居住遗址距北侧水沟遗存1米左右，但如果水沟完整的话，距离应为2米，这个间距相当于当时店铺前的人行道。

③发掘地点为西市中间部分的南侧，发掘时间是1962年，这里发现了居住遗址。街南侧的水沟，与前一年发掘时的情况大体相同。这次发掘的目标本来是文献记载的位于市署前的大衣行，但没有发现大衣行，却出土

了大量的骨制装饰品（梳、钗、笄、刻有花纹的骨饰）、珍珠、玛瑙、金饰品，从这一情况推断，这里应该是珠宝行的遗址。

由上述发掘调查结果，可得出如下结论：（1）市的形制和规模，与文献记载存在一些出入；（2）市经过多次重建；（3）上述三个地点反映了新的市内具体情况。关于第1点，发掘调查人员认为，文献记载的是概数，不仅市是如此，如前文所述，在外郭城、宫城、皇城、坊、街宽等方面，也存在实测结果与文献记载有别的情况。大家会发现，文献中的数字并不一定精准，而考古调查的结果也不一定就没有问题。比如考古报告阐明市的内部曾经过数次重建，但认为市的外形并没有发生过变化，而如前引《唐两京城坊考》卷一所载，开元二十四年（736）十二月，曾将东市的东北角和道政坊的西北角拆毁，用以扩大花萼相辉楼前的面积。马得志《唐长安兴庆宫发掘记》认为花萼相辉楼乃勤政务本楼之误，但对东市东北角被拆并一事没有提出异议。总之，实测结果与文献间的龃龉是否考虑到了历史变迁，这点今后还需要进一步探讨。

构造上的特点

文献与考古调查结构相一致的市的构造特点是，外形为方形（当然，考古调查发现，市的外形并非严密的正方形，而是南北略长于东西的长方形），内部由街道隔为井字形区域。市的形制为方形，是先秦以来的古老传统，不过是随着时代变迁规模越来越大而已。《周礼·考工记》有“市朝一夫”，据郑玄注，“一夫”为“方各百步”。如前所述，汉代长安城的九市，各方为二百六十六步；关于北魏洛阳的大市，《洛阳伽蓝记》卷四《城西》有“周回八里”，即每边长二里的正方形；另据唐杜宝《大业杂记》，隋代洛阳的丰都市也是周围八里。而唐长安的东西两市，《长安志》等记载其“方六百步”，唐代的里分为三百六十步的大程和三百步的小程，如果市的形制是按小程设计的，那么六百步就是二里。也就是说，唐代长安东西市在外形规划上也是以北魏洛阳的大市为原型的，而前文已经说过，东西市在位置上效仿了北魏洛阳的大小市。但在内部构造上，却不一定，据《两京新记》《大业杂记》等，隋代洛阳的丰都市，四面各开三门，共十二门，也就是说，市内有东西向和南北向的街道各三条。另据《河南志》卷一，隋代洛阳的植业市（译者注：原大同市），周围四里，开四门，说明内部为十字街。这样一来，唐代长安东西市内部呈井字形结构，似乎有些特殊。不过，古文献中可以找到市场作井字形划分的说法，对《管子·小匡》中的“市井”一词，唐人尹知章的解释是，市场为方形，区域分割如井字；《史记正义·平准书》的解释是，因为古代是在井边进行交易活动。尹知章也许是基于唐代市的构造而作的解释，但将耕地甚至城内的市划分成井字，这种观念在古代应该是存在的，唐长安的市或许是将这种观念具象化的结果。而且，说不定北魏洛阳的市场就是井字形的呢。

总之，隋唐长安的市，在位置和结构上都参照了北魏洛阳的大小市，而只是将其移到了城内，并使两市的规模和结构更加对称。还有一点重要的是，长安的市是随时代而不断更新变化的，特别是西市的排水沟，晚期的比早期的要美观得多。这一方面验证了《长安志》等记载的西市发达之说，一方面还显示了西市商人经济实力的增强，因为据唐《水部式》残卷，京城内及罗郭城墙的修缮均由各坊承担，那么为西市修排水沟的，应该就是西市的商人们。

市的经营管理

管理长安东西市的官署，是市署和平准署，此二属又归太府寺管辖。据《大唐六典》卷二十，太府寺职掌财货政令，管理京都四市署、平准署、左藏署、右藏署、常平署等共八个署。《大唐六典》和两《唐书》记载的市署下设的官吏情况，可以整理为下列表格。

《大唐六典》卷二十	令各一人（从六品上）	丞各二人					
《旧唐书》卷四十四《职官志三》	令各一人（从六品上）	丞各二人	录事一人	府三人	史七人	典事三人	掌固一人
《新唐书》卷四十八《百官志》	令各一人（从六品上）	丞各二人	录事一人	府三人	史七人	典事三人	掌固一人

《大唐六典》与两《唐书》的不同之处是，它只记载了丞，而没有记载录事以下官职，或许是省略了。因此可以认为，三种史料对市署官名、定员、官位等的记录是一致的。然而，关于平准署，三者的记载不同，请看下表。

《大唐六典》卷二十	令二人（从七品下）	丞四人（从八品下）				监事六人（从九品下）			
《旧唐书》卷四十四《职官志》	令二人（从七品下）	丞四人（从八品下）	录事一人	府六人	史十三人	监事二人	典事二人	贾人十人	掌固十人
《新唐书》卷四十八《百官志》									

三者之中，《旧唐书》记载的官名最多，《大唐六典》没有录事、府、史、典事、贾人、掌固，这也许跟市署的情况一样，也省略了；但关于监事的定员，《大唐六典》记六人，而《旧唐书》记两人，两者存在明显差异。《新唐书》中记载的太府寺管辖官署为七署，没有平准署，这该作何解释呢？文献对此没有任何记载，也许是唐代平准署的官名、定员等在各个时期都有所变化的缘故吧。

关于市署的职掌，《大唐六典》说它掌管百族交易之事，还列有一些具体的职责，下面就花些篇幅，一一来分析一下。

（1）建标立候、陈肆辨物（市场的布局）

“陈肆辨物”与《周礼·地官·司市》中的字列完全相同，是同行业店铺排在一起、按商品分类的意思。《周礼·司市》接下来有“平市”字样，说明“陈肆辨物”的目的是控制市场内的物价。唐代对控制物价有着更详细的规定，这点后文会涉及。“建标立候”，《新唐书·百官志》作“市肆皆建标，筑土为候”，《唐令拾遗·关市令七》作“诸市每肆立标，题行名”，这些都是说市肆要立标识、记行名。关于“候”，《新唐书》说用土建筑，这是指对市肆进行监视的瞭望台；《周礼·地官·遗人》载“市有候馆”；《三辅黄图》说，汉代长安的市楼也是市吏候望之所。而唐代呢，除了在市署之外，似乎还在每个市肆都设立了简单的监视瞭望设施。

（2）以二物平市（度量衡的管理）

“平市”，《周礼·司市》解释为控制价格之意，但在唐典中，这是一项关于度量衡管理的规定。问题是“二物”的意思，《唐令拾遗·关市令十》、《大唐六典》注、《旧唐书》等作“权”和“量”，而《新唐书》作“度”（长）。我认为，市署的管理应该包括度、量、权等所有项目，据《唐令拾遗·关市令九》，每年八月须将官私度量衡提交给太府寺接受检查，经盖印后才能使用，说明度量衡都是由太府寺及其下属的市署来管理的。有的时期还曾禁止使用私制度量衡，请看《新唐书》卷一六三《柳仲郢传》中的下面这段故事：

> （会昌年间，仲郢）奏拜京兆尹，置权量于东西市，使贸易用之，禁私制者。北司吏入粟违约，仲郢杀而尸之，自是人无敢犯，政号严明。

一般情况下，使用私制的度量衡也能得到太府寺的许可，大概是因为会昌年间（841—846）东西市的私制权、量比较混乱，所以才采取了特别的措施吧。问题是，行业内部的度量衡有无协议呢？前文提到，私制度量衡在法律上是受到认可的，但私制与官制不得相违，必须要符合法定（参照《大唐六典》卷三《金部郎中》、《唐会要》卷六十六《太府寺》开元九年敕格等）。在《新唐书·柳仲郢传》的故事中，会昌年间的市中可能使用了与国家度量衡单位不同的私制度量衡。我想，像这样使用私制度量衡的现象，也许并不是发生在个别商人身上的不正当行为，而是行内的一种习惯性做法吧。行负责给北司入粟，在柳仲郢改革之前，恐怕北司吏是承认行的权、量的。

（3）以三贾均市（价格控制）

“均市”一词也见于《周礼·司市》。不过，《周礼》中是禁止奢侈品交易，从而平均市场的意思，而唐典中是以三贾来控制市场价格的意思。关于“三贾”，《大唐六典》注“精为上贾，次为中贾，粗为下贾”；唐令说每十日出三等价格；《新唐书》卷四十八《百官志》也说，每十日制作一次价格账簿。

大谷探险队从新疆吐鲁番盆地的古墓中发掘出的废纸中，有些写着物品价格的纸片，现存于龙谷大学附属图书馆。1960 年，仁井田陞在《吐鲁番发现的唐代交易法律文书》（《西域文化研究第三——敦煌吐鲁番社会经济资料（下）》、《中国法制史研究土地法交易法》）中，介绍了明确记载物品名称的 64 份价格书，它们都是天宝年间（742—756）提交给交河郡都督府的官文残片，这些价格书依照唐关市令中每十日给出上中下三等物品价格的制度，罗列着市内各行的价目。后来池田温在《中国古代物价的考察》（《史学杂志》77－1、2）中尝试着对上述价格表文书进行了更详细的研究，下面介绍几个写着三等价格的实例。

米面行

白面壹斗　上直钱叁拾捌文　次叁拾柒文　下叁拾陆文

北庭面壹斗　上直钱叁拾伍文

（3072 号文书）

帛练行

大练壹匹　上直钱肆佰柒拾文　次肆佰陆拾文　下肆佰伍拾文

梓州小练壹匹　上直钱叁佰玖拾文　次叁佰捌拾文　下叁佰柒拾文

河南府生絁壹匹　上直钱陆佰伍拾文　次陆佰肆拾文　下陆佰叁拾文

蒲陕州絁壹匹　上直钱陆佰叁拾文　次陆佰弍拾文　下陆佰壹拾文

生绢壹匹　上直钱肆佰柒拾文　次肆佰陆拾文　下肆佰伍拾文

（3097 号文书）

果子行

干葡萄壹胜　上直钱拾柒文　次拾陆文　下拾伍文

大枣壹胜　上直钱陆文　次伍文　下肆文

（3054 号文书）

这样的三等价格，在边境的市行中如果实施过的话，那在长安的市行中也应该实施过。不过，这种价格的性质如何呢？仁井田陞的解释参考了日本的关市令，他指出，这不是上面决定的公价，而是根据实际交易价格估定的，不仅要记在市的账簿上，还要上报官署。池田温也指出，这样的价格（市估）原则上不会公布给商人和庶民，所以市内的一般交易不会直接受市估的束缚，市估只不过是官方交易或评价时的一种依据而已。那么可以认为，市中的交易价格是由各行自主决定的，这方面的唐代史料不多，让我们举一个宋代的例子。《宋会要辑稿·食货五十五·杂买务》天禧二年（1018）十二月载，在首都开封，每旬的假日（休息日，即十日、二十日、二十九或三十日）集诸行人决议下一旬的诸物价格。唐代也应该是以同样方式来决定实际交易价格的。

另据《旧唐书》卷四《高宗纪》载，永徽六年八月大雨，陆路无法运输米谷，导致米价暴涨，于是决定出售仓粟以解，以此为契机，东西二市设立了常平署。由此可知，天灾等非常时期，价格变动剧烈，并不一定遵守三等价，而这种时候国家会在东西市设立常平署，以控制生活必需品的价格。《旧唐书》卷四十九《食货志》载，显庆二年（657）十二月，京常平仓置常平署官员。史料中记载的由常平署调控价格的商品，不仅有米，还有麦、盐、布帛等日常生活必需品，不过似乎并非由国家直接买卖。《旧唐书·食货志》中还记载着建中元年（780）七月的敕文，说米价暴涨时出官米十万石、麦十万石，按石称量，托于两市行人，令其降价出售。既然贩卖者是行人，那决定市场实际价格的，也应该是行人。

（4）买卖手工业品的限制规定

据《大唐六典》，弓矢、长刀要按照国家的样板制造，还要铭记制作工匠的姓名，然后才能够买卖，其他器物也一样；买卖伪劣之物，官府要没收，尺寸不合规定的，也要返还给卖主。诸如此类的手工业品管理规定，在中国拥有很长的历史，如《礼记·王制》列举的禁止在市场中买卖的物品就有：兵车不中度的、布帛精粗不中数的、幅之广狭不中量的等。制作工匠的署名，见于战国以来的各种器物之上。唐代也大体上承袭了自古以来的规定，特别是关于织物的尺寸，朝廷曾多次下诏敕，命制造者严格遵守规定（《册府元龟》卷五〇四《邦计部·丝帛》）。

（5）买卖奴婢、牛、马的规定

据《大唐六典》，买卖奴婢、牛、马时，要使用本司本部的公验，要立券（字据）。据《唐令拾遗·关市令十一》，除奴婢、牛、马外，驼、骡、驴等也同样适用。此外，《唐律疏议》卷二十六《杂律》中可见更详细的规定，其主要内容是：奴婢、马、牛、驼、骡、驴等重要生产工具，在合约成立、价格确定后，三日内必须立市券，立市券三日内，若买主发现奴婢、马、牛等有病，可以解约；但若无疾病，即使买主欺骗卖主行使了取消权，契约也依然有效；若真有疾病，而卖主却不承认买主的解约请求时，卖主会被惩罚；需要就法令未规定事项私下签约的，不在此限制范围内。

日野开三郎在《唐代邸店的研究》中指出，比起奴婢，马、驴、牛等的交易数量更大，商业上也尤为重要。马和驴用于骑乘和驮东西，牛用于耕作和牵引。奴婢（当时史料多称为口）、马、驴、牛的买卖，西市比东市多。其他如占整个安善坊及大业坊一半面积的“中市”，主要就是买卖口、马、驴、牛的地方，不过它仅在高宗和武则天时期存在了二三十年。

（6）买卖上的限制

《大唐六典》列举了三项买卖中的禁止事项：

①凡买卖不和、榷固者。根据注释，“榷”指专门掠利者，“固”指执意夺市者。盖指在市场中妨害他人买卖、自己独占的人。

②更出开闭、共限一价。注释解释为以贱物贵卖、贵物贱卖者，指贩卖者互相串通，将自己一方的便宜货抬价，同时将对方的好东西杀价，以重复一个价格的手段迷惑第三者，使买卖只对自己有利。

③参市规自入者。注释说指在一旁高下其价相惑乱者，即指利用中间人（托儿）等在交易人身边乱议价格、干涉妨害，使买卖结果对自己有利。

陶希圣《唐代管理市的法令》（《食货》4-8）中解释说，①指个别商人独占买卖，②指同业商人设定协议价格强加于买家，③指第三者在买主身旁抬高或降低价格。

（7）市场开闭的规定

据《大唐六典》，市场于日午击鼓三百而始，日入前七刻击钲三百而终。问题是夜间，据说上元灯节之际，正月十七、十八、十九三天，坊市之门夜间也开放（《全唐文》卷三十二《元宗令正月夜开坊市门诏》）。而加藤繁在《唐宋时代的市》（《中国经济史考证（上）》）一文中指出，唐代夜间坊市之门总是关闭，门外街路禁止通行，市的商业活动也仅限于白天，夜间禁止营业。这个说法以前一直被大家认可。而近年，日野开三郎在《唐代邸店的研究》中，主张唐代有夜市。他说，令人意外的是，唐诗中有很多咏夜市的诗，如《全唐诗》卷三〇一王建《夜看扬州市》有“夜市千灯照碧云，高楼红袖客纷纷”，就是描写扬州城内夜市的；《全唐诗》卷三八四张籍《送南客》有“夜市连铜柱，巢居属象州”，可知像象州（岭南道桂林郡）那么偏僻的地方都有夜市。看来在整个唐代，不论城市乡村，上至扬州这样的繁华之地，下至象州那样的偏远地方，都普遍有夜市存在，有寻欢作乐的酒楼、娼肆，也有卖菱、莲等蔬菜的，与世俗生活非常贴近。所以可以想见，长安城内也像其他城市乡村一样，公开存在着夜市。如《太平广记》卷四五二《狐部》所收《任氏传》中就说，城坊门扉关闭的夜间，门旁胡人的饼店还在营业。另据《酉阳杂俎》卷一一五《诺皋记下》载，宣平坊曲内，夜间还有走街卖油的。《长安志》卷八《崇仁坊》也说，崇仁坊乃在京选人集中滞留之地，这些人花天酒地，让这里变成了不夜城，其盛况非京中诸坊所及。

通过上述日野的研究可知，唐代的确是有夜市的。但几乎没有史料记载长安城东西市夜市的情况。加藤繁说，夜间城市门闭锁，因此不可能有夜市；而日野说，坊市之门夜间关闭，只会妨碍坊市之外的人加入夜市，而不会妨碍坊市内的居民或留宿商人们在夜市中的活动。如果如日野所说，东西市内存在夜市的话，也仅限于常住居民和旅宿的商人，不会像宋代以后的夜市那样没有任何限制。

以上就是市署的主要职责。此外，市中还设有平准署，据《大唐六典》，平准署的职责是官署所需物品的购入和官署淘汰或没收物品的贩卖。《大唐六典》的注释说，平准令起源于《周礼》的质人和汉代的平准令，其职责都是平定物价。而在唐代，物价的调控归市署或常平仓管，平准署买卖物品的目的不在于平定物价，而在于国家财政。再者，由前述常平署的情况推断，平准署应该也不直接进行物品购入和官物贩卖，而是通过市场的商人来做。

通过上述分析，我们了解到了一些国家对长安市场的管理制度及实际情况。看来，市场管理的主要目的在于市场的流通秩序，而不太考虑国家的直接利益，即使有，也不过是通过平准署来买卖官物而已。更重要的是税收！关于税收，《唐令拾遗·关市令十四》有“其商贾，准令所在收税”，这应该指的是市税。除此之外，似乎还有买卖税，《索隐》《正义》对《史记》卷五十二《齐悼惠王世家》中“市租千金”的注释都说是买卖税，这种解释应该来自唐代的制度，因为《索隐》《正义》均作于开元年间。加藤繁在《宋代商税考》（《中国经济史考证（下）》）一文中推测，市籍税在唐中叶以后逐渐式微，而代之以对过往物资及交易的课税。也许他说的对，随着市制的衰退，市税的性质也逐渐变化了吧。

长安的行

唐长安的市与汉代一样，商品都是按种类分肆而列的。但与汉代商人不同的是，在唐代，同业者都结为“行”这样的团体来共同开展经营。《长安志》没有记载西市的行数，只说东市有二百二十行。加藤繁在《宋代都市的发展》（《中国经济史考证（上）》）中指出，《河南志》载洛阳南市（丰都市）为一百二十行，因此认为，长安东市的二百二十行为一百二十行之误。不过，全汉升《中国行会制度史》认为长安东市的二百二十行为实数，唐的入行总数增加了；而且，《大业杂记》、元《河南志》等所载丰都市一百二十行有三千余肆，而长安东市呢，据圆仁《入唐求法巡礼行记》卷四，会昌三年（843）六月二十七日，东市火灾，曹门（市中心的市署门）以西十二行四千余家被烧毁，可知长安每行的店铺数量也多得多了。日野开三郎《唐代邸店的研究》中也认为，东市二百二十行是实数，而且说“东市曹门以西十二行”数量太少，疑为“百十二行”之误，东市一行的肆数应该在三十家左右。那样的话，一行的肆数在隋唐期间都没有太大的变化了。关于长安东西市的行数及肆数，还有待今后继续探讨。

长安的行名中，有明确记载的可罗列如下：

东市：肉行（康骈《剧谈录》卷上《王鲔活崔相公歌妓》）

铁行（《太平广记》卷二六一《郑群玉》引温庭筠《乾臊子》）

西市：大衣行（《两京新记·长安西市》）

鞦辔行（《太平广记》卷一五七《李君》引《逸史》）

秤行（《太平广记》卷二四三《窦乂》引《乾臊子》）

绢行（《太平广记》卷三六三《王诉》引《乾臊子》）

麸行（《太平广记》卷四三六《张高》引《续玄怪录》）

药行（《入唐求法巡礼行记》卷四会昌五年正月三日）

此外，唐代其他城市中，明确有行名记载的，也罗列如下：

苏州：金银行（《太平广记》卷二八〇《刘景复》引李玫《纂异记》）

扬州扬子县：鱼行（《酉阳杂俎续集》卷三《支诺皋下》）

还有仁井田陞引自“大谷文书”的交河郡行名，罗列如下：

果子行（文书号3054）

彩帛行（文书号3060）

铛斧行（文书号3070、3064）

米面行（文书号3072）

菜子行（文书号3085）

帛练行（文书号3097）

以上是天宝时期（742—756）的。

接下来再看1956年河北房山石经中与唐代的行有关的史料（见《中国史研究》2载拙稿《唐代行会的新资料》，《文物》1959－9载曾毅公《北京石刻中所保存的重要史料》，《文物》1961－4、5载林元白《房山云居寺塔与石经》），行名可罗列如下：

范阳郡：白米行 大米行 粳米行 屠行 五熟行 炭行 生铁行 绢行 小绢行 丝绢行 大绢行 新绢行 小彩行 布行 幞头行

幽　州：油行 磨行 诸行

涿　州：肉行 果子行 椒笋行 染行 靴行 杂货行 新货行

地域不明：米行 杂行

以上大都属于天宝到贞元年间（742—805）的。

上面罗列的所有行名，除去重复的，总共有40个左右。特别是房山的史料，米行下还细分为白米行、大米行、粳米行等，绢行也分为小绢行、大绢行、新绢行等。由此可知，唐代的商业已经相当专业化了，可以推测，长安的行数一定不少。

行在唐代已经形成了团体，下面看一下行的组织情况。首长称为“行头”（《周礼注疏》卷十五《地官》“肆长”贾公彦疏、《旧唐书·食货志上》“贞元九年三月二十六日敕”、《太平广记》卷一五七《李君》引《庐子逸史》）或“行首”（《太平广记》卷二八〇《刘景复》引《纂异记》），行内的商人称为“行人”（《旧唐书·食货志下》）。此外还有“肆长”（《太平广记》卷四八四《李娃》引《异闻记》）这样的称呼，“肆长”原见于《周礼·地官》，贾公彦认为与“行头”同义。易州的事例中有“市老”（《金石萃编》卷十二《开元寺陇西公经幢赞》）一词，但所指的是行的首长还是市中有权势的人，尚不清楚。

再看行的功能。首先是宗教功能，从房山石经题记中关于行的记载可知，石经（大般若经）都是由行人在四月八日共同制造的，行同时也构成社邑，设有社官、邑主、平正、录事等干部，其成员称为邑人、社人等。另外，加藤繁所引李玫《纂异记》中，有苏州金银行首长率领众徒向吴泰伯庙敬献美人图的故事，这也显示了行的宗教功能。从上述事例可以推测出，长安的行也曾同样具有宗教功能。段安节《乐府杂录·琵琶》中载有下面的逸事，说贞元年间（785—805）长安大旱，于是移两市之人以祈雨，行至天门街处，东市和西市开始“斗乐”，东市请来了住在街东的琵琶高手康昆仑，西市则搭建一楼，楼上现一女子弹奏乐器，其声如雷，精妙入神，康昆仑听了吃惊不已，于是请求拜女子为师，女子更衣而出，却变成了一位和尚，原来是西市的豪族高额贿赂庄严寺僧善本，以比赢东市的。由此可知，东市和西市的市人曾一同祈雨，这种活动想必就是由东西市内的行会组织承办的吧。

行的第二个功能是由行头进行检察。据《旧唐书·食货志》中“贞元九年（793）三月二十六日敕”，发现有人使用欠陌钱时，要由行头将其检察送官，行头如隐瞒或允许其买卖货物，也将以重罪论处。

行的经济功能，被认为有控制物价、贩卖常平仓的谷物及官物、为官署供应货物、管理度量衡等，这些在前面“市的经营管理”中已经有所阐述。不过，有关这些事项的直接史料非常少，据《太平广记》卷八十四《奚乐山》引《集异记》，长安通化门（东面最北侧的城门）的长店中住着许多造车行业的人，这些人制造和贩卖的轮、辕、辐、毂，均有定价。这个事例虽然不是市行的，但反映了手工业者之间存在价格协议的事实。

如此看来，唐代市场在国家管理下的时期，商人们结为团体，共同开展活动。其共同行为可以分为协助国家和自治两种，非经济行为中，检察属于前者，宗教属于后者；经济行为中，控制物价、贩卖常平仓的谷物及官物、为官署供应货物等属于前者，自主使用度量衡等属于后者。那么这种团体的形成以及共同行为的出现始于何时？它是与行同时代的产物，还是晚于行的产生？这些都不明确，但团体的结成似乎相当早。另外，加藤繁曾在《论唐宋时期商人组合“行”及清代会馆》（《中国经济史考证（上）》）中对各种共同行为的历史关系进行阐述，他说，团体成员共同举办神佛祭礼的行为最先出现，进而开始为方便经营和谋利互相协助，最后发展到承担为官府提供物品等任务，即成为“行役”。

上文所举的有关行会共同行为的史料，几乎都是开元、天宝（713—756）以后的，宗教方面共同行为的事例，也没有早于这个年代的。而常平仓出现于永徽年间（650—655），如果认定常平仓的谷物买卖当初就是托付给市中的行人来做的话，那么就可以将其视为早期共同行为的一种。另外，参与官物买卖的平准署设立于唐初，后来消失了，而且如果认为平准署是以行人为中介来进行官物买卖的话，那么行的早期共同行为中也应该包括官物买卖。因此笔者推测，行的共同行为始于官物买卖、物价调控等协助国家的这一类，后来随着协同性的增强才出现了另一类即自治性的行为。

长安的邸店

唐代市场中，与行肆同样发挥了重要作用的，就是邸店。关于邸店的研究，早期有加藤繁的《唐宋时代的仓库》（《中国经济史考证（上）》），近年有日野开三郎的《唐代邸店的研究》，下面就根据这些研究成果展开介绍。“邸店”的所指与“肆铺”即商店不同，邸店中的“邸”指建筑规模大的，“店”指规模小的，但“店”也用作“邸店”的总称。邸店广泛分布于全国各地的城邑内及城外的草市、农村，关于长安的邸店，《长安志》卷八《京城》说，长安东市四面建邸，也就是说，邸店指环市内四壁而建的店铺，不同于市内所列的“肆”。另据《河南志》卷一《京城门坊街隅古迹》，唐代洛阳的南市（隋丰都市）有一百二十行三千余肆，四壁有四百余店，货贿如山积。这也是市内四壁建有店铺的一个例证。说洛阳南市四壁有四百余店，只是一个概数，因为《太平御览》卷一九一《居处部》关于南市的前身即隋丰都市的记载是，邸凡三百一十二区，资货一百行；《河南志》卷一《京城门坊街隅古迹》也记载，隋洛阳大同市，邸一百四十一区，资货六十六行。也就是说，丰都市和大同市中，邸的数量是行数的两到三倍，那么有着二百二十行的长安东市，邸店数量应该比洛阳的两市还要多。

那邸店都有过哪些功能呢？其基本业务有三，即住宿、餐饮、仓储。住宿用的邸店，从数十间的邸到数间的草店，种类繁多，但长安的大都规模较大。旅店内部的房间一般是多人合住的大间，但也有个人住的小间，合住的大间中央有炉子，周围布满榻或床。这种住宿用的邸店，同时也经营着以旅客为服务对象的餐饮店，据《太平广记》卷十八（神仙部）《杨伯丑》引《仙传拾遗》，一位看八卦的人说："西市东壁南第三店可为我买鱼制脍"，可知长安西市东壁南第三店是一家卖鱼肴的店。很多店不仅出售食物，还设有饭堂，放置着大桌子，供住客和过往歇息的人聚集、吃喝。《太平广记》卷三四八（鬼部）《牛生》引《会昌解颐录》的故事说，冥使给了牛生三个封书，让他在遇到困难时打开看，牛生打开第二封书时，看到上面写着"坐西市食店张家楼上"，于是牛生照着做了。这说明长安西市有个叫张家楼的餐饮店，楼是一种高层的大型建筑。邸店还经营面向旅客的仓库，他们为一般旅行者保管行李物品，但最重要的是保管"行货"即以营利为目的而暂时存放的商品。《太平广记》卷一六四（名贤部）《马周》引《谈宾录》载，马周西行长安，至新丰店时宿于逆旅，店主人只顾招待各位商贩，并不理会马周，于是他便命酒，悠然独酌。可见，除了住宿以外，为商人保管商品对邸店主人来说也很重要。当时邸店的仓库还只是一种兼业，宋代以后出现了一种名为"塌坊"的专业仓库。

邸店的主要顾客是远途贩运的客商，次之是往返于赴任地的官员中那些不住驿站的，还有为猎官求职而游历于藩镇之间的士大夫、进京参加举选或赶考的书生和前资官等，其中以客商的比例最大。邸店的经营者为了协助客商的交易活动，有的甚至开始涉足斡旋车马舟船、运输、介绍客户、委托买卖、保管金银钱帛、融资等诸多业务。在唐代，因为邸店业有利可图，所以不仅富商，连贵族、官僚、地主都纷纷上马此业，《太平广记》卷四九五（杂录部）《邹凤炽》引《西京记》载，住在西市西邻怀德坊的富商邹凤炽，在全国各地都设有邸店，获得了很高的利益。此外，唐代曾多次颁布禁止贵族官僚经营邸店的法令，这从反面证明了的确有过贵族官僚涉足邸店经营的事实。《旧唐书》卷九《玄宗纪》开元二十九年（741）有“禁九品以下清资官置客舍邸店车坊”；《唐会要》卷八十六《市》载有大历十四年七月令，说罢免了在扬州设置邸肆之人，理由是广陵乃交通要冲、物资聚集之地，诸道节度观察使多以军需名目置邸店、私利息。看来国家是严令禁止官僚经营邸店的，不过似乎并没有达到令行禁止的效果。

市制的变迁

虽然推行了市制，但商业活动却并不仅限于市内，市以外的地方也存在。这样的事实自唐代以前就存在，如《洛阳伽蓝记》中所载北魏洛阳城的情况。卷二“城东”载，屠贩业者居住在东市以北的殖货里；卷三“城南”载，慕义里住着许多外国商人；卷四“城西”载，洛阳大市以东的通商、达货二里多屠贩业者、远途贩运商，市南的调音、乐律二里多乐器业者，市西的退酤、治觞二里多造酒业者，市北的孝慈、奉终二里多棺椁业者，其他如阜财、金肆二里多富人居住，以上十里多“工商货殖之民”。由此可知，北魏的洛阳，市以外的地方也住着很多工商业者，但从他们的种类来看，一是市内无法经营的特殊行业如屠贩业、造酒业、棺椁业等，二是进行远途贩运的富裕商人，三是外国商人，这些都是不可能对市内商业产生威胁的行业。唐长安的情况也大致如此，下面就分析一下长安的市外工商业者的情况。

（1）市行内没有的特殊工商业

如前文举过的通化门长店车工之例。另据《乐府杂录·琵琶》，文宗时，乐器业者住在崇仁坊（平康坊以北）。

（2）进行远途贩运的富商

如前文已经举过的西市西邻怀德坊所住富商邹凤炽的例子。

（3）无力在市中拥有肆铺的小本“行商”

“行商”即小摊贩，在长安，这样的小本商人数量相当多。例如有卖鱼的行商（《太平广记》卷一五六《崔杰》引《逸史》）、卖蒸饼的行商（《太平广记》卷四〇〇《邹骆驼》引《朝野佥载》）、卖油的行商（《太平广记》卷四一七《宣平坊官人》引《酉阳杂俎》）、卖干柴的行商（《长安志》卷七《务本坊》引《辇下岁时记》）等。

上述几种工商业者，与市内的商人间不存在竞争关系。问题在于在市外经营着与市内工商业种类相同，即存在竞争关系的那些，例子最多的是餐饮业。据《太平广记》卷二七八《国子监明经》引《酉阳杂俎》，长兴里有毕罗店。长兴里（坊）在朱雀街东第二街与第三街之间，自北数第三坊；毕罗也写成“饆饠”，是一种胡食。另据《太平广记》卷四〇二《鬻饼胡》引《任氏传》，东市以南第三坊升平坊的坊门处，有胡人开的饼店。这些在市外卖胡食或胡饼的，应该都是外国商人吧。但也有不是餐饮业也不是外国商人的例子，如《太平广记》卷八十四《王居士》引《阙史》载，延寿坊有卖金银珠宝的。延寿坊在西市东邻。《北里志·王团儿》载，宣阳坊有采缬（扎染）铺。宣阳坊在东市西邻。同书《张住住》载，平康坊南曲有卖草锉、姜果之类的店。平康坊也在东市的西邻，就位于宣阳坊以北。另据《太平广记》卷四八六引《无双传》，建中年间（780—783）兴化坊有卖缯（绢的总称）的。加藤繁曾指出，延寿坊的金银珠宝商、宣阳坊的采缬铺等，出现在市制宽松之后。兴化坊的贩缯业出现于建中年间，这也在唐中叶以后。不过，除了兴化坊离市较远外，延寿、宣阳、平康等坊，均位于市场周边，另外，前文所举与市内商人不存在竞争关系的特殊工商业者和远途贩运商，也大多住在市周边的坊。这点大概同洛阳的大市一样，市周边的里坊最初住的都是与市行没有竞争关系的工商业者，后来随着市制的衰退，与市内行肆种类相同的工商业者也住到了这里，而且其居住范围还逐渐扩大至市周边里坊以外的地方。邸店也开始出现在市内四壁以外的地方，这点在日野开三郎《唐代邸店的研究》中有详细阐述。

随着工商业者在市外区域的出现和增多，市行的团结关系似乎也逐渐松懈了。《太平广记》卷一五七《李君》引《逸史》的故事里说，李君登上长安西市鞦辔行的酒楼，这意味着在某个行中混入了其他的商业。此外，在市内拥有店铺而居住在市外的坊，这样的例子也越来越多。《太平广记》卷四十二《贺知章》引《原化记》载，卖钱贯王老住在宣平坊；同书卷一九六《贾人妻》引《集异记》载，贾人的遗孀居住在崇仁里，但在旗亭内继续经营丈夫的店铺。而且，变化还不止体现在上述的行肆形态上，市内和市外商人们的个体商业活动也变得活跃了。《唐国史补·卷中》有如下一段记载：

> 宋清卖药于长安西市。朝官出入移贬，清辄卖药迎送之。贫士请药，常多折券，人有急难，倾财救之。岁计所入，利亦百倍。长安言："人有义声，卖药宋清。"

长安西市有药行，从《入唐求法巡礼行记》卷四对会昌五年（845）正月三日的记载中也可以得知。这个在西市卖药的宋清，完全无视价格协议，按照他自己独特的经营方式来蓄积利益。鞠清远《唐代财政史》第四章中指出，唐代一部分商人蓄积了庞大的资本，成为国家的税商和借商。都城长安出现大资本商人的例子，如《旧唐书》卷八《玄宗本纪》所载，开元二十二年（734）三月，没收京兆商人任令方资财六十余万贯；同书《卷十二》德宗本纪载，建中三年（782）四月壬戌，太常博士韦都宾因京军兴但征不到庸调，于是向京城富商借钱，各商人只许留一万贯，其他全部入官，都不到十个二十个大商人，国家的用度就足够了。也不知道这些富商在市内还是市外，经营何种行业，但大都应该是依靠个人的经营活动来进行资本蓄积的。看来，随着市制的衰退，由行会独占的商业权也逐渐瓦解了。但行并没有就此消失，前文曾举过委托市行贩卖常平仓谷物的例子，那是发生在建中年间的事，还有行头检察欠陌钱的例子，是发生在元和年间（806—820），这些都是协助国家的共同行为。还有长安以外的例子，房山石经题记中明确纪年的，如天宝二年（743）的白米行、小彩行，天宝六载的布行、新绢行，天宝九载的大绢行，天宝十载的大米行、小绢行，天宝十一载的屠行，天宝十二载的绢行、幞头行，天宝十四载的丝帛行、(米行)，建中□年的肉行，贞元元年（785）的椒笋行，贞元五年的染行、杂货行，贞元七年的磨行、鞋行，贞元十年的油行、新货行，贞元十一年的诸行等，这些也都是围绕宗教而开展的自治性共同行为。如此看来，市行直到唐末都还存在，这是毋庸置疑的。不过我认为，市制衰退、市外商人的经营活动变得活跃之后，市行便不再强迫商人加入，而是成为了一种松散的团体。想必行内也出现了个别开展活动的富商，价格控制等也不再充分发挥作用了。不过，市制衰退后的行，虽然发生了上述变化，但其成员们仍然为国家效力，还具有共同的信仰，和睦相处，而且也曾尝试过恢复市的繁荣。长安西市的排水沟在唐晚期还被修缮一新，如果放在这样的背景下，就不难理解了。此后，市行逐渐形成了将市外商人也包括进来的趋势，成为宋代商行的前身。

6. 行政制度

畿内的制度

在汉代，以长安为中心的三辅地区曾经形成了首都圈。唐代呢，则设置了畿内制度。畿内制度最早见于《周礼》（地官·司徒、夏官·司马、秋官·司寇等），按其规定，围绕王都的东西南北四方五百里之地即方一千里的区域，称为国畿或邦畿，属国王直辖。此区域以外，每五百里为一畿，直至九畿，这些地方安置封建诸侯国及夷狄之国。“畿”是界限的意思，九畿也称为九服，不一定叫作畿。《周礼》的这一制度，在当时不知是否真正实行过，现实中被实施是在北魏以后。曾我部静雄的《日中的畿内制度》（《以律令制为中心的日中关系史研究》）一文中指出，北魏以后的畿内制度有两种形式，一是道武帝建都平城（山西大同）时的制度，它以平城周围方一千里为畿内；一是东魏孝静帝建都于邺（河北省临漳县西）时的制度，它以都城近旁的十郡为皇畿即畿内、畿郡。隋代到炀帝时期才设立了畿内制度，其特点是，管理畿内的司隶台并不是牧民之官，而主要起督察官的作用。唐代在初期似乎也没有建立畿内制度，据《旧唐书》卷三十八《地理志》，开元二十一年（733）分天下为十五道，各道置采访使，其职责如同汉代的刺史，是检察非法的。十五道即京畿、都畿、关内、河南、河东、河北、陇右、山南东道、山南西道、剑南、淮南、江南东道、江南西道、黔中、岭南。“京畿”指长安周边的区域，“都畿”指东都洛阳附近的区域。由此可知，唐代的畿内制度设于开元二十一年。

《旧唐书》说京畿采访使理京师城内，而据《新唐书》卷三十七《地理志》，京畿采访使的管辖区域为京兆府京兆郡、华州华阴郡、同州冯翊郡、南州上洛郡、凤翔府扶风郡、邠州新平郡等六个郡。关于“都畿”也是一样，《旧唐书》说其理东都城内，而《新唐书》说其管辖河南府河南郡和汝州临汝郡这两个郡。看来，唐代的畿内制度如东魏、北齐一样，管辖范围包括都城近旁的郡，采取畿内制度的目的是监察，这点承袭了隋炀帝初设的司隶台制度。关于唐代设置畿内制度的年代，曾我部静雄的《日中的畿内制度》中说，《旧唐书》所言“开元二十一年”有误，应该依据《资治通鉴》卷二一三中的“开元十七年五月壬辰，……又置十道及京都两畿按察使”，也就是说，开元十七年恢复开元十二年所废十道按察使之际，还新增设了京畿按察使和都畿按察使；开元二十一年，只是说将天下分为十五道，并于各道置按察使；开元二十二年，将按察使改名为采访使。

总之，设置畿内制度的目的，主要是监察。长安的一般行政事务，则是由京兆府及其下设的长安、万年两县来承担的。唐初改隋京兆郡为雍州，置别驾治理州事，开元元年并河南府、太原府，置京兆府。据《大唐六典》卷三十，京兆府长官牧（从二品）一人，其下尹（从三品）一人，小尹（从四品下）二人；司录参军事（正七品上）二人，录事（从九品上）四人，府、史各三人；功曹参军事（正七品下）二人，府六人，史十二人；仓曹参军事（正七品下）二人，府八人，史十六人；户曹参军事（正七品下）二人，府十一人，史二十二人，账史一人；兵曹参军事（正七品下）二人，府九人，史十八人；法曹参军事（正七品下）二人，府九人，史十八人；士曹参军事（正七品下）二人，府七人，史十四人；参军事（正八品下）六人，执刀十五人，典狱十八人，问事十二人，白直二十四人；经学博士（从八品上）一人，助教二人，学生八十人；医学博士一人，助教一人，医学生二十人；以上总计三百五十九人。京兆府所管辖的县，《新唐书·地理志》说有二十个，但却只列举了十八个县的名字，即万年、长安、咸阳、兴平、云阳、泾阳、三原、渭南、昭应、高陵、富平、蓝田、奉天、好畤、武功、醴泉、华原、美原。

管辖长安城的是万年、长安两县，以朱雀门街为界，东半部分五十四坊及东市属万年县，西半部分五十四坊及西市属长安县。但严格地讲，万年、长安两县管辖的区域，并不仅限于长安城内，还包括附近的乡村。中村治兵卫在《唐代的乡》（《铃木俊教授六十寿辰纪念东洋史论丛》）中指出，据唐代墓志铭，贞元十四年（798）的有“京兆府万年县供固乡司马村”，大中三年（849）的有“京兆府万年县浐川乡陈村”，当中的司马村、陈村，都是城外的村落。

唐代的县分为六种，分别是京县、畿县、上县、中县、中下县、下县。京县有万年、长安、河南、洛阳、奉先、太原、晋阳等诸县，畿县指京兆、河南、太原三府内京县以外的诸县。上县指户数六千以上的县，中县指户数两千以上的县，中下县指户数一千以上的县，下县指户数一千以下的县。京县万年、长安，各置县令（正五品上）一人、丞（从七品上）二人、主簿（从八品上）二人、录事（从九品下）二人、佐二人、史二人；尉（从八品下）六人、司功佐三人、史六人；司仓佐四人、史八人；司户佐五人、史十人；司兵佐三人、史六人；司法佐五人、史十人；司士佐四人、史八人；典狱十四人、问事八人、白直十八人；经学博士一人、助教一人、学生五十人；总计一百八十一人。县令作为亲民之官而备受重视，尤其是京兆府诸县令，受重视程度及待遇都很高。京兆府的厅舍在光德坊（西市以东）东南隅，万年县的厅舍在宣阳坊（东市以西）东南隅，长安县的厅舍在长寿坊（西市以南第二坊）西南隅，这些均初建于隋代。

坊正和里正

唐代的城市中，县以下设有坊和里两种行政单位。坊指城中以围墙分割的区域，里则指以户数为单位的人事组织。《通典》卷三《食货三·乡党》有如下记载：

> 诸户以百户为里，五里为乡，四家为邻，五家为保。每里置正一人，（注：若山谷阻险，地远人稀之处，听随便量置）……在邑居者为坊，别置正一人，掌坊门管钥，督察奸非，并免其课役。在田野者为村，别置村正一人。其村满百家，增置一人，掌同坊正。其村居如满十家者，隶入大村，不须别置村正。

由此可知，每一百户为一里，由里正管理，其职责有调查户口、奖励农桑、检察奸非、催驱赋役等。而坊的户数则不一定，但肯定比里要多，《长安志》卷十载长安县有四万余户，那以五十五来除（五十四坊加西市）的话，每坊是七百户左右。坊由坊正管理，其职责是看管坊门钥匙和督察奸非。将里正和坊正相比较的话，里正的职责涉及财政、经济、治安等多方面，而坊正的职责仅限于治安。也就是说，里是一种全面的行政单位，而坊只是对围墙内区域安全负责的治安单位。因此，里正要比坊正受重视得多。前引《通典》的那一段后面，还有如下的文字：

> 诸里正，县司选勋官六品以下白丁清平强干者充，其次为坊正。若当里无人，听于比邻里简用。

可见在唐代，里正的确较坊正重要。在汉代，里（相当于唐代的坊）是最小行政单位，自然很受重视，而唐代的里比坊还要小。宫崎市定在《汉代的里制与唐代的坊制》（《东洋史研究》21－3）中指出，隋代以后的政府，比起军事、治安，更优先考虑财政，基于这个立场再看唐代的坊制，其治安上的意义比起汉代的里要稀薄得多。也就是说，汉代的里更加重视围墙的完整，非万户侯不得破墙临街建宅门，而隋唐长安的坊比汉代的里要开放一些，如它们至少有东西南北四个门，坊内有纵横的大路通向坊门。不过同汉代一样的是，到了夜间，四面的坊门都会关闭，禁止通行。在唐代，被允许打破坊墙、面向坊外大街开门的特权人物也有所增加，因为人数实在太多，朝廷曾面临限制这种特典的问题。《唐会要》卷八十六《街巷》载，太和五年（831），左右巡使上奏，说以往可以面街开门的是三品以上及坊内三绝，但那样会妨害治安，因此应该让三绝以外的人家都面向坊内开门，并将其面临大街的门堵上。三品以上的官位就有一百零九个，而且祖上一旦拥有了面街的门户，子孙辈也会拥有既得权，不会马上撤掉，如此一来，不受坊里支配的特权人物就会非常多了。“坊内三绝”指的是面向坊内的三面都无路可走的人家。然而，这道奏折并没有起到任何作用，不但面街的门户没有减少，反而还出现了侵占街道的现象。对于侵占街道的现象，据《唐会要》卷八十六《街巷》，太和五年街使曾奏请将其障碍物拆除；大中三年（849）六月右巡使上奏说，前任官苑使韦让于怀真坊西南角亭西侵街造舍九间，请将其拆除。上奏的巡使、街使，是坊正、里正的上级政府机构，是维持治安的。巡使以朱雀街为界，分为左右，由御史轮流出去巡察，他们甚至会深入到都城内各坊的内部调查和侦察，开启坊门也是巡使的职责。街使也以朱雀街为界分为左右，由金吾卫的武官担任，专门负责坊外街道的治安。巡使和街使对侵占街道现象的管制，也并没有充分发挥作用，宋代以后，侵街先是作为一种既成事实，基本得到认可，后来就开始征收侵街钱了。

7. 防御体制

南衙和北衙

汉代承担长安防御的是南军和北军，唐代长安城的防御，也是由南衙和北衙的军队负责的。据《玉海》卷一三八《兵制第三·唐左右十军》，南衙指驻扎在诸卫营以南的军队，北衙指禁苑内的北军；诸卫营在太极宫前、朱雀门内，北军左右两军均在苑内，左军在内东苑以东，右军在九仙门以西。看来，驻扎在南边的军队称南衙，驻扎在北边的军队称北衙。接下来再详细介绍一下两军的组织和功能。

南衙有左右十二卫，此乃承袭隋代的制度，具体指左右卫、左右骁卫、左右武卫、左右威卫、左右领军卫、左右金吾卫。各卫设大将军（正三品）一人、将军（从三品）二人及众多官职。各卫管辖着折冲府，而折冲府的数量在各文献中有不同记载，《大唐六典》卷二十四作左右卫五十五府、左右骁卫四十九府、左右武卫四十九府、左右威卫五十府、左右领军卫六十府、左右金吾卫五十府；而《新唐书》卷五十《兵制》作左右卫皆领六十府，其他诸卫领五十至四十府；《玉海》卷一三八引李蘩《邺侯家传》也说左右卫各领六十府，其他诸卫领五十至四十府。折冲府数量最多的是六十，《新唐书》说左右卫是六十，《大唐六典》说左右领军卫是六十。最重要的不同是，《新唐书》和《玉海》说的是左右各领六十至四十府，而《大唐六典》说的六十至四十九似乎是左右合计之数。据唐长孺《唐书兵制笺正》考证，《新唐书》和《玉海》的说法正确。

十二卫都具有哪些功能呢？左右金吾卫以外的十卫，分别统帅着下属折冲府轮番调来执勤的卫士，承担着天子的仪仗及宫城外的宿卫任务，还分配一部分卫士给皇族和诸官厅，以加强警戒。左右金吾卫则主要负责宫城、皇城及长安城内外的治安保卫。十二卫以外还设有左右监门卫、左右千牛卫等四卫，监门卫负责天子宫殿之门的警戒，千牛卫是天子的侍从。

不过这四卫之下不设折冲府，也没有直属的卫士。

武则天时期以后，随着府兵制的衰退，南衙没有了执勤的卫士，南衙诸卫也变得有名无实。相反，北衙禁军的势力增强，取代了南衙的地位。关于北衙禁军的发展，在滨口重国《从府兵制到新兵制》（《秦汉隋唐史研究（上）》）中有详细阐述，就让我们依此来展开介绍。北衙禁军始于“元从禁军”，在唐高祖李渊太原崛起之时就加入这支队伍、唐王朝建立后也不愿回乡而表示愿意充当宿卫之职的，就达三万人，高祖将渭水以北白渠附近前朝亡民弃置的肥沃土地分给他们，按府兵制度命其轮流前来执勤，并赐名“元从禁军”。高祖还从这些人中选出善射之人一百位，命其随从射猎，称为“百骑”。元从禁军和百骑就是北衙禁军的起源。后来，太宗于贞观十二年（638），又从二等以上的上户子弟中选拔了一批勇猛活泼的，命名为“飞骑”，再从飞骑中选出善于骑射的“百骑”，将其安置在宫城玄武门旁专门设置的左右屯营，从诸卫将军中选出合适之人来统帅他们，他们作为直属于天子的亲兵，只担任游幸、狩猎的扈从任务，也没有义务去戍边和出征讨伐。高宗永徽年间（650—655），北衙禁军的人数都还很少，龙朔二年（662）左右屯营改称为左右羽林军后，才独立成为一军。武则天时改羽林军所属的百骑为千骑，中宗神龙元年（705）又改称为万骑，同时兵员数量也增加了。开元二十五年（737）前后，南衙禁军衰微，都城的防御权归到了北衙手中，“北衙禁军”改为只称“禁军”。开元二十六年，羽林军所属的万骑独立为左右龙武军，北军即禁军于是变为四军（左右羽林军、左右龙武军），据说开元末天宝初的四军兵员有六万名。至德二载（757）置左右神武军，上元年间（760—761）置神策军（后来德宗时分为左右），贞元三年（787）改殿前左右射生军为左右神威军。

南衙衰落，北衙却如此兴盛，其中的原因，当然是其为天子的亲兵。因为是亲兵，所以第一不用像府兵那样出征或戍边，待遇非常优厚；第二，当王室需要出谋划策时，多利用北衙禁军。晚唐时期，左右神策军尤其仗势欺人，民间人士对此苦不堪言。

驻扎在都城的军队，除上述南衙、北衙之外，还有左右六率府，具体指左右卫率府、左右司御率府、左右清道率府。率府各置有率（正四品上）、副率（从四品上）及以下官职，各率府下还有多则五六个少则三个折冲府。左右六率府的职能是东宫的宿卫和仪仗。

南北两衙的士兵

南衙左右十二卫及左右六率府的卫士，都是折冲府调来执勤的府兵。据《大唐六典》卷五，各卫的卫士称呼都不同，左右卫的卫士叫骁骑，左右骁骑的卫士叫豹骑，左右武卫的卫士叫熊渠，左右威卫的卫士叫羽林，左右领军卫的卫士叫豹骑（《旧唐书》卷三十四《职官志》作“射声”），左右金吾卫的卫士叫佽飞；左右卫率府的卫士叫射乘（《旧唐书·职官志》作“超乘”），左右司御率府的卫士叫旅贲，左右清道率府的卫士叫直荡。原则上只要是六品以下子孙和白丁，都有资格成为卫士，但这仅限于设有折冲府的州县子民。据《玉海》卷一三八引《新唐书·地理志》，折冲府的分布为关内道二百七十三、河南道六十二、河东道一百四十一、河北道三十、陇右道二十九、山南道十、淮南道六、江南道二、剑南道十、岭南道三，总共五百六十六个。其中近四百都集中在长安、洛阳两城周边的十九个州府，剩下的近二百个才零散分布于五道边境诸州。

那么当番的卫士是来自所有的折冲府，还是来自一定地域的折冲府呢？曾我部静雄认为，选拔限于一定区域内的折冲府。（《以律令制为中心的日中关系史研究》所收《日唐的卫士》）《玉海》卷一三八《兵制第三·唐左右十军》有“诸卫皆调关内府兵”，可见十二卫的卫士都来自关内道的府兵。另外，关内道西边陇右道的府兵，似乎也曾加入进来，因为在曾归陇右道所属的敦煌发现的唐代户籍和差料簿上，记有相当数量的丁男，他们的身份都是“卫士”。十二卫的卫士主要来源于关内道，是因为关内道折冲府比较集中，仅这一道就足以保证卫士的数量了。东宫率府的士兵中也应该有关内道的府兵，但没有史料明示这一点。

北衙禁军因为是由太原元从这一特殊群体发展而来的，所以当初与府兵没有关系。后来贞观十二年设左右屯营时，选拔的是二等以上的上户子弟。高宗龙朔二年（662）设左右羽林军后，才开始从府兵中选拔北衙的士兵，不过这也仍然仅限于京兆周边的府兵。开元十三年（725）府兵制实际消亡之后，也依然是从京兆人中选拔士兵。据《旧唐书》卷一〇六《王毛仲传》，长安的良家子弟为了逃避课役，许多都纳资入了禁军。如此，开元、天宝时期的禁军，多是来自长安周边地区的子弟，素质堪忧。《新唐书·兵志》也说，这一时期的六军宿卫都是市人，富者贩卖缯采，饮食奢侈，强健者多好为角抵、拔河、翘木、扛铁之戏，以比拼力量或技术。

8. 宗教寺院

长安寺院的盛况

长安城中，处处都有寺院，其数量之多、规模之大，令人咂舌。《两京新记》载僧寺六十四、尼寺二十七、道士观十、女观六、波斯寺二、胡袄祠四，但这个数字不包括天宝（742—756）以后增加的。下面根据《唐两京城坊考》，将寺院名称及所在坊罗列如下。

僧寺（八十一寺）

大荐福寺（开化坊）	大兴善寺（靖善坊）	光明寺（开明坊）
招福寺（崇义坊）	永寿寺（永乐坊）	保寿寺（翊善坊）
光宅寺（光宅坊）	荷恩寺（永兴坊）	宝刹寺（崇仁坊）
资圣寺（崇仁坊）	菩提寺（平康坊）	阳化寺（平康坊）
净域寺（宣阳坊）	奉慈寺（宣阳坊）	崇济寺（昭国坊）
大慈恩寺（晋昌坊）	楚国寺（晋昌坊）	净住寺（晋昌坊）
大安国寺（长乐坊）	兴唐寺（大宁坊）	胜业寺（胜业坊）

资 圣 寺（东　市）　元 法 寺（安邑坊）　宣 慈 寺（宣平坊）
废普耀寺（青龙坊）　废日严寺（青龙坊）　废建福寺（曲池坊）
大中报圣寺（兴宁坊）　清 禅 寺（兴宁坊）　禅 林 寺（兴庆坊）
宝 应 寺（道政坊）　赵景公寺（常乐坊）　灵 花 寺（常乐坊）
青 龙 寺（新昌坊）　净 影 寺（敦化坊）　贞元普济寺（曲江）
大开业寺（丰乐坊）　温 国 寺（太平坊）　定 水 寺（太平坊）
空 观 寺（兴化坊）　崇 圣 寺（崇德坊）　废报恩寺（崇德坊）
兴 福 寺（修德坊）　龙 兴 寺（颁政坊）
废镇国大波若寺（布政坊）　法 海 寺（布政坊）
济 法 寺（布政坊）　懿 德 寺（延寿坊）　胜 光 寺（光德坊）
慈 悲 寺（光德坊）　西 明 寺（延康坊）　静 法 寺（延康坊）
海 觉 寺（崇贤坊）　大 觉 寺（崇贤坊）　纪 国 寺（延福坊）
永 寿 寺（永安坊）　废福田寺（敦义坊）　千 福 寺（安定坊）
福 林 寺（安定坊）　崇 福 寺（休祥坊）　会 昌 寺（金城坊）
瑞 圣 寺（金城坊）　醴 泉 寺（醴泉坊）　大云经寺（怀远坊）
永 泰 寺（长寿坊）　大 法 寺（长寿坊）　崇 义 寺（长寿坊）
褒 义 寺（嘉会坊）　灵 安 寺（嘉会坊）　灵 化 寺（普宁坊）
化 度 寺（义宁坊）　先 天 寺（居德坊）　普 集 寺（居德坊）
奉 恩 寺（居德坊）　罗 汉 寺（怀德坊）　弁 才 寺（怀德坊）
慧 日 寺（怀德坊）　宏 光 寺（怀德坊）　经 行 寺（崇化坊）
大庄严寺（永阳坊）　大总持寺（永阳坊）

尼 寺（二十八尼寺）

法寿尼寺（开化坊）　资敬尼寺（永乐坊）　崇敬尼寺（靖安坊）
修慈尼寺（胜业坊）　甘露尼寺（胜业坊）　法云尼寺（宣平坊）
法界尼寺（丰乐坊）　资善尼寺（安业坊）　济度尼寺（安业坊）
兴圣尼寺（通义坊）　证果尼寺（崇德坊）　建法尼寺（颁政坊）
证空尼寺（颁政坊）　明觉尼寺（布政坊）　法明尼寺（崇贤坊）
崇业尼寺（崇贤坊）　废法觉尼寺（敦义坊）　万善尼寺（休祥坊）

昭成尼寺（休祥坊）	开善尼寺（金城坊）	乐善尼寺（金城坊）
妙胜尼寺（醴泉坊）	功德尼寺（怀远坊）	宣化尼寺（永平坊）
积善尼寺（永平坊）	真心尼寺（群贤坊）	真化尼寺（群贤坊）
静乐尼寺（崇化坊）		

道士观——道教寺庙（三十道士观）

昊 天 观（保宁坊）	先 天 观（务本坊）	乾 元 观（长兴坊）
清 都 观（永乐坊）	万 安 观（平康坊）	嘉 猷 观（平康坊）
回 元 观（亲仁坊）	灵 应 观（永崇坊）	宗 道 观（永崇坊）
龙 兴 观（永崇坊）	兴 唐 观（长乐坊）	太 真 观（安邑坊）
华 封 观（兴宁坊）	洞 灵 观（常乐坊）	崇 真 观（新昌坊）
唐 昌 观（安业坊）	元 都 观（崇业坊）	福 唐 观（崇业坊）
新 昌 观（崇业坊）	开 元 观（道德坊）	昭 成 观（颁政坊）
崇 明 观（颁政坊）	福 祥 观（布政坊）	玉 芝 观（延福坊）
五 通 观（安定坊）	废太清观（金城坊）	东 明 观（普宁坊）
龙 兴 观（崇化坊）	清 虚 观（丰邑坊）	天 长 观（待贤坊）

女 观——女性的道教寺院（六女观）

至德女冠观（兴道坊）	太平女冠观（大业坊）
咸宜女冠观（亲仁坊）	金仙女冠观（辅兴坊）
玉真女冠观（辅兴坊）	三洞女冠观（醴泉坊）

波斯寺（二寺）

旧波斯胡寺（醴泉坊）	波斯胡寺（义宁坊）

胡袄祠（四祠）

袄 祠（靖恭坊）	胡袄祠（布政坊）
袄 祠（醴泉坊）	袄 祠（普宁坊）

上述数字中，女观、波斯寺、胡祆祠的数量与《两京新记》一致，其余数量均多于《两京新记》，这应该是天宝以后寺院数量有所增加的缘故。以上列举了总共一百五十一所寺院，其中有八十四所都始建于隋代，这显示了隋文帝时代在北周武帝废佛之后复兴佛教方面所做的努力。寺院中有的规模相当大，如大兴善寺占据了靖善坊的全部面积，大荐福寺占了开化坊的南半部分，大慈恩寺占了晋昌坊的东半部分，大安国寺占了长乐坊东侧的大半个部分。据说文明元年（684）大荐福寺（当时名大献福寺）度僧（国家承认的僧侣，拥有免徭役的特殊权利）二百人；大慈恩寺有十院余、一千八百九十七间，敕度三百僧。

寺院的创立者多为天子本人或皇族、贵族，下面仅就唐代以后新设寺院的情况做一介绍。太平女冠观，是太平公主于仪凤二年（677）创立的；保寿寺是骠骑将军高力士于天宝九载（750）创立的；光宅寺是仪凤二年天子亲自创立的；荷恩寺是睿宗于景云元年（710）创立的；资圣寺是龙朔三年（663）为文德皇后祈冥福而建的尼寺，咸亨四年（673）改为僧寺；万安观是永穆公主天宝七载（748）出家时所建；奉慈寺是为升平公主祈冥福而建；咸宜女冠观是肃明皇后于开元二十年（732）所建，初为肃明道士观，后由咸宜公主于宝应元年（762）改名为女冠观；宗道观是大历十二年（777）为华阳公主祈冥福而建；兴唐寺原是神龙元年（705）太平公主为则天皇太后所建的罔极寺，开元二十年改名；胜业寺是高祖于武德初年为沙门景晖所建；太真观原是杨贵妃之姐裴氏于天宝五载（746）所建的太真女冠观，宝应元年（762）改名；大中报圣寺是宣宗出内帑之缗帛所建；华封观是由高力士于天宝六载的弃宅所置；宝应寺是王缙痴迷释教，于大历四年（769）因疾弃宅而成的佛寺；福唐观是景云元年（710）新都公主（中宗的长女）之子武仙官出家为道时所建；新昌观是天宝六载（747）新昌公主（玄宗第十一女）因驸马都尉萧衡离世而出家为女冠时所建；废报恩寺是景龙年间（707—710）嗣虢王邕娶韦庶人之妹为妻时弃宅所建，后因韦庶人败落而成了废寺；兴福寺原是贞观八年（634）太宗为太穆太后祈冥福而建的，神龙元年改名。金仙女冠观和玉真女冠观，是景云二年（711）为金仙公主（睿宗第九女西城公主）和玉真公主（睿宗第十女昌隆公主）所建；龙兴寺是太子承乾于贞观五年所建；昭成观是太平公主于咸亨元年（670）所建；慈悲寺是高祖于武德元年（618）为沙门昙献所建，因其隋末饥馑时曾经赈济过贫民而命名为慈悲寺；千福寺是章怀太子于咸亨四年弃宅而成的寺院；大法寺是光禄大夫李远于武德年中所建；崇义寺是武德二年桂阳公主为驸马都尉赵慈景所建；灵安寺是高祖于武德三年为卫怀王元霸所建；东明观是显庆元年（656）孝敬升储后所建；龙兴观是贞观五年太子承乾患病时命道士秦英为其祈祷，于痊愈后所建。

从以上例子可以看出，唐代新建的寺观，很多都出自公主之手。那么这些寺观的信众都有哪些人呢？其主体当然是创建和维系寺院的皇族和贵族，很多寺观都是在这些权贵的保护之下逐步发展起信众的。道端良秀《唐代佛教史研究》中指出，在唐代，经师、覆讲师、邑师、社师、唱导师、说法师、化俗法师、游行僧、俗讲师等，均有各自得意的方法来教化民众，并开展救贫、治病等社会公益活动。

主要的佛寺和道观

武宗会昌五年（845）七月，在道士赵归真的怂恿下，武宗下诏毁掉佛寺，令僧尼还俗，这就是有名的会昌废佛毁寺。当时长安仅留下左街（东）的大慈恩寺、大荐福寺和右街（西）的西明寺、庄严寺，而且各寺仅允许留三十人。因为此事，唐代佛寺留存至今的非常少，并且几乎已经找不到任何痕迹，长安城内创建之初的建筑，就只有大慈恩寺的大雁塔和大荐福寺的小雁塔还在，但也都是后世经过修缮的了。

大慈恩寺原是隋代的无漏寺，武德初年一度被废，贞观二十二年（648）十二月二十四日，当时还是皇太子的高宗为其母文德皇后重新立寺，命名为大慈恩寺。石田幹之助在《长安之春》中描写到，大慈恩寺南临黄渠，地理位置优越，有十院余、一千八百九十七间，设有南池，寺内竹林茂密，与西明寺并以牡丹花著称。高宗于贞观十九年迎印度归来的玄奘为上座；永徽三年（652）玄奘奏请按照西域窣堵波制度建石浮图，而高宗命用砖瓦建之。据《大慈恩寺三藏法师传》卷七，塔共五层，高一百八十尺；而《长安志》卷八载，塔共六层，高三百尺。两者的记载不知为何会有如此差异，不过后来长安年间（701—704），塔又进行过改建和加高。据足立喜六20世纪初期的调查："现在的塔为七层，实测塔高一百九十四尺，基底为正方形，各边八十四尺，四方有花岗岩砌成的门。各层周围有短檐环绕，亦开四门。塔内六层，有阶梯可依次攀至上层。据说原来各层阶梯中纳舍利数万颗，壁间装饰有当时的名画，华丽壮观至极。"

大荐福寺原是隋炀帝在蕃时的旧宅，武德年中被赐予尚书右仆射萧瑀做了西园，其子萧锐娶襄城公主为妻时在园中建了宅邸，公主亡故之后，又成为了英王宅。文明元年（684）三月十二日，武则天为高宗在此建大献福寺，天授元年（690）改名为大荐福寺。中宗即位后，又对寺院进行了大量的装饰。神龙二年（706）义净入住该寺的翻经院，在此译经五十六部、二百三十卷，并著就了《南海寄归内法传》四卷和《大唐西域求法高僧传》二卷。后来，会昌元年三月，日本求法僧圆仁曾访问这里，他对当时的情景描写道：

> （会昌元年）从二月八日至十五日，荐福寺开佛牙供养，蓝田县从八日至十五日（荐福寺）设无碍茶饭，十方僧俗尽来吃。左街僧录体虚法师为会主，诸寺赴集，各设珍供：百种药食，珍妙果花，众香严备，供养佛牙及供养楼廊下敷设不可胜计。佛牙在楼中庭，城中大德尽在楼上，随喜赞叹。举城赴来，礼拜供（养）。有人施百石粳米、廿石粟米，有人（施）无碍供馀头足，有人施无碍供杂用钱足，有人供无碍薄饼足，有人施诸寺大德老宿供足。如是各各发愿布施，庄严佛牙会，向佛牙楼散钱如雨。求法僧等十日往彼随喜，登佛牙楼上，亲见佛牙，顶戴礼拜。兼入翻经院，见义净三藏影。壁上画三藏摩顶松树。（《入唐求法巡礼行记·卷三》）

这是圆仁亲眼所见的大荐福寺佛牙会的记录。此外，圆仁说他还在翻经院见到了义净三藏之影，那是太极元年（712）二月二十二日门人崇勖所摹写的义净七十八岁真影，还说义净摩挲松树的传说在他处未见。中宗景龙年间，由宫人们集资，于安仁坊西北隅建浮图院，后世称为小雁塔，据说唐代原有十五层、高三百尺。足立喜六对小雁塔的描写如下：

> 荐福寺唐以后屡罹兵燹，已完全荒废，然而小雁塔却与大雁塔一样，至今巍然耸立。唯其上层两级破损，仅以下十三级残存。基底为正方形，颇为狭小，各边为三十七尺五寸（现代的尺，下同）。高一百八十尺，所谓高三百尺或为一百三十尺之误。据塔下“重修荐福寺塔记碑”，宋政和六年，传法沙门加以重修，颇复旧观，其后，因明嘉靖乙卯三十四年大地震，自塔中央生一大纵裂，塔裂为两半，同癸亥四十二年地震又重新接合为一。现在，塔顶至塔底还有一条纵裂线，孤塔巍然屹立，似乎随时都有可能被风吹倒，令看者担忧，但其实它已经这样遗世独立了上千年了，这真的是一个奇迹。

与上述两寺同位于左街的，还有大兴善寺和青龙寺。大兴善寺占靖善坊全域，是长安寺观中面积最大的，隋文帝迁都时就创建了这座寺院，名为遵善寺；神龙年间（705—707）韦庶人之父韦贞追赠为酆王，以此寺为酆国寺，景云元年（710）又恢复旧名；元和四年（809）建转轮藏经阁，但毁于会昌法难。青龙寺也初建于隋代，原名灵感寺，龙朔二年，城阳公主立为观音寺，景云二年改为青龙寺；它位于高处，利于远眺，会昌法难归于荒废后不久便再度兴旺起来。桑原騭藏在《大师入唐》（《东洋史说苑》所收）和《关于长安青龙寺遗址》（《东洋文明史论丛》所收）中，依据《咸宁县志》卷十二的说法，对青龙寺现在的情况做过阐述，说青龙寺后名石佛寺，存至清朝嘉庆年间，地点在祭台村即长安县（现为长安区）西南约 4 公里处。而根据中国科学院考古研究所唐城发掘队的调查结果，石佛寺在唐宣平坊，因此不是青龙寺旧址，青龙寺旧址在今铁炉庙村一带，即石佛寺东南方向1公里多的地方。(《考古》1964－7）青龙寺是我国弘法大师（空海）、慈觉大师（圆仁）、智证大师（圆珍）等曾经留锡之地，弘法大师在顺宗永贞元年（805）二月至六月间住在西明寺，六月移至青龙寺，跟惠果阿阇黎学习真言宗，后得其真传。关于弘法大师在长安的情况，在前文提到的桑原鷿藏《大师入唐》中有详细考证。

右街中没有在会昌法难中遭受厄运的，是西明寺和庄严寺。西明寺原是隋尚书令越国公杨素的宅邸，显庆元年（656），高宗为治愈孝敬太子的疾病，在此建立了寺院，大中六年（852）改名为福寿寺。西明寺离西市很近，以牡丹花著称，有白居易和元稹等的诗篇为证。庄严寺是隋文帝仁寿三年（603）为献后所建，初名禅定寺；宇文恺奏请建立的木浮图，于大业七年（611）完成，据说高三百三十尺、周围一百二十步；武德元年（618）改名为庄严寺，被认为是天下伽蓝中之最盛。右街著名的佛寺还有大云经寺、龙兴寺等。大云经寺原名光明寺，是隋文帝于开皇四年（584）为沙门法经所建，后来武后天授元年（690）命两京并诸州各置一所大云经寺，于是将光明寺改为了长安的大云经寺。龙兴寺原名普光寺，是太子承乾于贞观五年（631）所建，中宗神龙元年（705）于两京并天下诸州置中兴寺时，以此寺为长安中兴寺，后来又改为龙兴寺。

道观与唐朝皇室有着特殊的关系，因而在长安城内数量很多，但比起僧寺和尼寺还是要少得多。左街的主要道观，首先有昊天观，它占据了保宁坊的全域，是道观中规模最大的，这里贞观初年做过晋王的宅邸，显庆元年为太宗祈冥福而建为道观。乾元观，原是泾原节度使马璘的住宅，大历十三年（778）七月建观，据说它地处形胜，屋宇宏丽，有道士四十九人。咸宜女冠观原是开元二十一年（733）由肃明皇后所建，宝应元年（762）因咸宜公主入住而得名，据《南部新书》，长安士大夫家入道，悉在咸宜，著名的女道士鱼玄机就曾居住在此。右街有玄都观，隋文帝开皇四年（584）出于佛道并用之意，在与靖善坊大兴善寺相对的崇业坊，建立了此观，它以桃花著称，刘禹锡的《元和十年自朗州至京戏赠看花诸君子》诗中就有“玄都观里桃千树”。

波斯寺与胡祆祠

唐代将景教（聂斯托利教）、祆教（琐罗亚斯德教、拜火教）、摩尼教的寺院并称为“三夷寺”。这三种宗教的寺院在长安的数量，虽然远远比不上佛寺和道观，但也充分显示了长安的国际色彩。右街北部的醴泉坊和义宁坊，各有一座被称为“波斯寺”的寺院，但“波斯寺”到底指景教的寺院还是祆教的寺院呢？天宝四载（745）九月下诏以后，景教的寺院都称为“大秦寺”了，但在那之前，似乎景教和祆教两种寺院都是称为波斯寺的。醴泉坊十字街南以东的“波斯胡寺”是一座祆教寺院，它是高宗仪凤二年（677），由当时受唐朝保护的波斯王卑路斯奏请建立的。另一所位于义宁坊十字街东以北的“波斯胡寺”，据《唐两京城坊考》，它是贞观十二年（638）太宗为大秦国的胡僧（《唐会要》卷四十九作“波斯僧”）阿罗斯（《唐会要》作“阿罗本”）建立的，著名的“大秦景教流行中国碑”载有“有司于京义宁坊造大秦寺”，这大秦寺与波斯胡寺为同一所指，可知此寺为景教寺院无疑。另据《唐会要·卷四十九》，说其度僧二十一人。

胡祆祠，左街只有一处，在靖恭坊十字街南以西，其余三座均在右街，即布政坊西南隅的胡祆祠、醴泉坊西门南的祆祠和普宁坊西北隅的祆祠。布政坊的胡祆祠建于武德四年（621），供奉西域的胡祆神，祠内有萨宝府，由胡祝担任府官，掌管祆神的祭祀。据羽田亨《回鹘文法华经普门品的断片》（《东洋学报》5－5），“萨宝”即维吾尔族语里的 sartpau，有商队首领之意；而藤田丰八在《东西交流史研究·西域篇》中认为，“萨宝”即梵文的 sāthavāho、藏语的 sar－pāg、蒙语的 sartawoki，汉译为“商王”“队商之长”；桑原騭藏在《隋唐时期来往于中国的西域人》中，对藤田丰八的说法表示了支持。因为萨宝几乎都由胡人来担任，因此中国的祆教信徒似乎非常少。

长安还设有摩尼教寺院，但其位置不详。

9. 长安的娱乐设施

宫廷乐舞设施

唐代的长安有着多种娱乐设施，其中尤以太常寺、梨园、教坊、妓馆、剧场著称。太常寺、梨园、教坊都是宫廷的乐舞设施，妓馆和剧场则是大众娱乐设施。下面将依据岸边成雄的详尽论著《唐代音乐史的研究·乐志篇》（上、下），来展开介绍。

宫廷乐舞在初唐即玄宗以前，是以太常寺为核心的，而在中唐即玄宗时期，教坊和梨园较为兴盛。太常寺是唐九寺之一，据《大唐六典》卷十四，它职掌邦国礼乐、郊庙、社稷，由郊社、太庙、诸陵、太乐、鼓吹、太医、太卜、廪牺等八署构成，其中的太乐、鼓吹两署与乐舞有关。据《唐两京城坊考》，太常寺位于承天门南、第七横街北、西第一，即皇城南侧。另据段安节《乐府杂录·上平声调》，说太乐署在寺院东部，鼓吹署在寺门以西。这里的寺似乎是指太常寺，不过《长安志》卷八说鼓吹局在宣平坊，说明它在唐末由皇城南侧移到了宣平坊。

太乐署下属的乐官有：令（从七品下）一人、丞（从八品下）一人、乐正（从九品下）八人、典事八人、文武二舞郎一百四十人，负责教授乐人们调和钟律、祭祀邦国和陪伴飨宴。不过，令和丞多由不通乐舞的事务官来担任，而直接从事音乐教育的是乐正。文武二舞郎是跟随文武两种八佾舞的人，均由良家子弟担任，这点不同于“乐人”。鼓吹署设有令（从七品下）一人、丞（从八品下）一人、乐正（从九品下）四人，负责作为卤簿的军乐。除上述二署之外，还设有协律郎，其定员二人（正八品），职掌六律、六吕，辨四时之气及八风五音之节，他们是音乐上的权威，负责音乐的教授和指挥。

在太常寺太乐、鼓吹二署乐官管辖下演出乐舞的，有乐户和太常音声人，两者都属于贱民。关于这两种人，在玉井是博《唐代贱民制度及其由来》(《中国社会经济史研究》所收)、黄现璠《唐代社会概略》、滨口重国《唐王朝的贱人制度》以及本节开头介绍过的岸边成雄著作中均有论述。下面根据滨口的观点,来介绍一下乐户和太常音声人的区别。据开元法,官贱人有杂户、官奴婢、官户、工户、乐户、太常音声人等六个种类。乐户分属于太常寺的太乐署和鼓吹署,是宫廷祭祀、飨宴、仪式、行幸、卤簿及其他诸多国家正式活动中不可缺少的表演音乐歌舞的贱人,他们或要事先经过严格的训练,或要掌握家传的技艺后才能登台表演。那么他们在官贱人中属于什么等级呢?据《故唐律疏议》卷十八《盗贼二》,工户、乐户与官户、官奴婢一样,只在所属的官司有登记,而没有州县户籍,因此可知他们是比杂户身份还低的下等贱人。另据《大唐六典》卷六《刑部都官》,工户、乐户一年中当番三次,每次一个月,这与官户相同,比长期服役却轮不上当番的官奴婢身份要高。太常音声人也在太常寺的太乐、鼓吹两署轮流当差,他们与乐户一样,也是从事音乐表演的官贱人,只是据《故唐律疏议》卷三《名例三》和《唐会要》卷三十四《乐论》等记载,隋末唐初曾给乐户以恩典,在结婚和户籍上改为与良人同等,称为太常音声人,仅在役务上如旧。太常音声人在拥有州县户籍这点上等同杂户,但在结婚方面,杂户以下所有的官贱人都仅被允许在同等级人之间通婚,而只有太常音声人除外,法律除了允许他们可以和同等身份的人结婚外,还允许他们和异性的良人结婚。太常音声人每年当番两次,每次一个月,如果不去当番,可以交“免番钱”豁免,一年二千文。

此外,据《大唐六典》卷十四《太常寺》载,太乐署还有“散乐”。黄现璠《唐代之贱民阶级》(《师大月刊》1934-13)中的观点是,散乐与太常音声人为同一所指。但据《唐会要》卷三十三《散乐》,散乐亦称百戏,是俳优歌舞杂奏等杂乐、杂剧及幻术类的总称,亦用以称呼演艺之人。因为不属于正乐,所以在国家宫廷的各种仪式上,首先登台的是太常音声人、乐户等表演的坐部伎和立部伎,接着是蹀马,然后才是散乐。散乐中汇集着诸州县良人的高手绝技,他们不在宫廷上番时,会利用余暇去地方巡演,愉悦大众的同时也能增加自己的收入。

梨园始于开元二年（714），当时太常寺坐部伎的三百子弟成为了第一批梨园弟子。天宝年间（742—756），又置宫女数百人于宜春院北，为梨园弟子，形式才基本完整了。安史之乱时，梨园一度废止，代宗大历年间（766—779）又得以恢复。梨园弟子中有一部分有时也会被派去其他地方为宴会助兴，但她们有自己的大本营。而构成梨园的太常乐工、宫女、伎女和小部则都分散在各处。“太常乐工”直属太常寺，由太常寺下属的乐工、太常音声人等官贱民组成，主要担任坐部伎。梨园教习的法曲为坐部伎，比立部伎要难学，所以据说会选最聪明和最积极的人担任。梨园弟子学习技艺的梨园，是禁苑内一处著名的果园，就在教习所附近，据说位于光化门北。天宝中成为梨园弟子的数百“宫女”，都是掖庭宫的宫女，她们在宜春院北接受教习。据《唐两京城坊考》，东宫（宫城内东侧）内最北边的承恩殿东西，有宜春、宜秋两宫，宜春宫北有宜春北苑。“伎女”指教坊内的伎女，她们在宜春院接受教习，宜春院与宜春北苑一样，也在东宫内，位于宜春宫的东邻。“小部”由30个15岁以下的儿童组成，属于梨园，负责音声方面的演出，他们接受教习的地方是内园小儿坊（《长安志》卷六），据推测，其位于梨园的主院之内。

与太常寺、太乐署同为唐朝宫廷音乐中心的，还有教坊。唐代的教坊始于武德年间（618—626）设立的内教坊，只知其位于宫城之内，但确切情况不详。《旧唐书》卷四十三《职官志》有“内教坊按习雅乐”。开元二年，于蓬莱宫（大明宫）侧又设立了新的内教坊，并同时设立了左右教坊。据《新唐书》卷二十二《礼乐志二》，新内教坊教习新声、散乐和倡优。新声指当时新近流行的胡乐和俗乐；散乐刚才已经说过，指杂技幻术类；倡优指歌舞伎乐。与内教坊同时设立的左右教坊，右教坊在光宅坊，左教坊在延正坊（以前的长乐坊）。内教坊在宫禁之内，而左右教坊在宫禁之外，所以也叫外教坊。左右教坊设立的动因，是将唐初以来一并由太常寺掌管的倡优杂技等俗乐，从太常寺分离出去单独管理，而由太常寺专门负责雅乐的管理。据崔令钦《教坊记》，右教坊擅长歌唱的多，而左教坊擅长舞蹈的多。左右教坊的管理者，有长官使（由中官担任）、副使，下面还设有实际指导音乐的都知。以上都是乐官，直接从事乐舞演出的，是其下属的伎女们。

据《教坊记》，教坊的伎女分为内人、宫人、挡弹家和杂妇女四种。内人指进入宜春院的伎女，因经常在上前（玄宗御前）而被称作前头人。内人之中，家在教坊内的称为内人家，四季享有配米，得幸人家被称为十家，享有分配的宅邸。内人每月二日与十六日可以与其母见面，没有母亲的可以和姐妹或姑姑见面，见面的地点，内人家就在家中，其他则在内教坊见面。得到这种恩典的，似乎都是容貌或演技出众的。次于内人的是宫人（也叫云韶），在楼阁下组队演出时，如果内人不够，就由宫人来补充。内人与宫人的区别，不仅在于容貌的美丑，还在于内人会佩戴显示官吏身份的鱼袋，而宫人则不可。挡弹家选容貌出众的无官良人家女子入宫，教习琵琶、五弦、箜篌、筝等。杂妇女指属于宜春、云韶两院的见习伎女，没有两院的推荐不能参加御前的演出。上述这些教坊伎女，本来专属于宫廷，在宫城、大明宫、兴庆宫等地赐百僚宴或曲池宴时参加表演。康骈《剧谈录》（《学津讨源》本）中有如下记载：

> 都人游赏，盛于中和（881—885），上巳节（阴历三月初巳日，桃花节）赐宴群臣，百辟会于山亭，恩赐太常及教坊声乐。池中备彩舟数只，唯宰相、三使、北省官与翰林学士登之焉……

由此可知，有机会欣赏太常、教坊之乐舞的，仅限于一部分高级官员。不过《教坊记》记载着有关教坊伎女的有趣习俗，说坊中诸女，义气投合者会结为香火兄弟，人数多者达十四五个，少的也不下八九个，而且，伎女若被当官的男子纳妾，她的香火兄弟也会一起跟来。看来，伎女表面上与世隔绝，实际与官僚们是有来往的。

妓馆（北里）与戏场

自中唐及唐末，以都市民众为对象的娱乐设施非常发达，其中最有代表性的是妓馆和戏场。唐代妓馆的核心区域是平康坊的北里，关于此地，在唐·孙棨的《北里志》中有所记载。孙棨，字文威，号无为，宣宗大中年间（847—860）至僖宗中和年间（881—885），正值其壮年时期，宣宗时期他历任翰林学士、中书舍人，长期居住在长安，在世间本以介静之士著称，但在朋友的劝说下游于北里，并逐渐成为那里的常客，后经唐末之乱，心力损耗，记忆也模糊了，甲辰中和四年（884）才终于完成了《北里志》。

平康坊位于长安城中最繁华的东北部区域，东南邻东市，北邻“尽夜喧呼、灯火不绝，京中诸坊莫之与此”（《长安志》卷八）的崇仁坊，南与杨贵妃之姐虢国夫人的大宅及其兄杨国忠，其妹韩国、泰国二夫人等的馆舍相接。平康坊东西六百五十步，南北三百五十步，中心有十字街。据《北里志》，北里由平康坊东北部的北曲、中曲、南曲这“三曲”组成，北曲近北门，南曲在东西巷以南。“曲”指由主街拐入的小路，以及由小路分隔开的区域。三曲之中，南曲拥有的名妓最多，中曲次之，北曲多小家。一曲内有妓馆数十家，各妓馆由数个客室与小室构成。

妓馆为私营，经营者称为假母，妓女以养女身份加入假母户籍，称为假女，多是卖身为妓者。大的妓馆一家有十几个妓女，小的一家甚至仅有一个妓女。妓馆的妓女相互之间结为姐妹，有长幼之序或优劣之序，容貌、技艺出众的被称为都知、席纠等，拥有特殊的地位和权力。《北里志》载有二十多个妓女的名字，成为都知的就只有郑举举和天水仙哥两位。都知乃“妓之头角者”，其职责是“分管诸妓，俾追召匀齐”。席纠是宴席上的总指挥，都知从具有席纠资格的人中选出。北里旁边聚居着乐工，一有召唤马上就会来到客人的宴席。《北里志》还载有40位来妓馆的嫖客，按身份可分为官吏、举人或新近及第者、富商，其中举人和新近及第者最多，有20位，官吏18位，富商2位。游兴的费用，一般是一席四镮，夜宴加倍，新郎君（新近及第者）再加一倍（曰复分钱）。关于“镮”有多种说法，据岸边考证，按照古义，一镮应该是六两银，唐末的一两银是四百文，一镮就是二千四百文，四镮是九千六百文。除了假母和妓女，北里还常有许多不良之徒和轻薄小儿徘徊，他们揶揄嫖客，甚至行凶作恶。《北里志》记载，相国王起之子王金吾沉溺北里时，曾被刺客盯上，幸亏他事先察觉，躲在床下才幸免于难。

接着再说戏场。据钱易《南部新书》，长安的戏场多集中在慈恩，小一点儿的在青龙，其次是荐福、永寿。慈恩、青龙、荐福、永寿，都是寺院的名称，前文已经介绍过，大慈恩寺在晋昌坊，青龙寺在新昌坊，大荐福寺在开化坊，永寿寺在永安坊。除永寿寺外，其他三个都在长安城的东半部即左街，戏场就设在这些大寺院的境内或门前。如石田干之助《隋唐时期伊朗文化在中原的传入》（《长安之春》所收）中所推测的，戏场内上演的都是吞力、吐火、弄丸、舞剑以及绳（走钢丝）、竿技（在长竿顶上表演的轻技）等西域特技或西域风情浓郁的节目。

10. 长安的外国人

胡商

唐长安城聚集着大量来自周边诸国的人，他们带来了异国的文化，这点在向达《唐代长安与西域文明》和石田幹之助《长安之春》中都已有过详细的阐述。接下来就介绍一下在长安居住的主要外国人。谁也说不清长安到底住过多少外国人，但据说贞观五年（631）平定突厥时，由中书令温彦博建议，将突厥人迁至河南、朔方，仅迁来长安居住的就近万家（见《唐会要·卷七十三·安北都护府》）；代宗大历十四年（779）前后，滞留在长安的回纥人总数在千人左右，而乔装改扮混迹于城中的商人还要比这多一倍。（《资治通鉴·唐纪》代宗）

这些外国人根据不同的目的，会居住在不同的区域，但大都住在长安县各坊，少有住在万年县一侧的，这或许跟多数外国人都来自西边有关。西方来的外国人大都是商人，他们不一定有固定住处，大多会选择住在西市。甚至有的外国人还在西市开起了店肆，最具代表性的行业是珠宝买卖。据石田幹之助《西域胡商重金求宝谭——唐代中国广泛流传的一种传说》（《长安之春》所收），唐传奇中屡屡出现一种情节相似的故事，就是西域商人花重金从中国人手中将不被中国人认为是宝贝的东西买下的故事。其中有一个故事与长安有关，现引用如下：

> 长安平康坊有座菩提寺，李林甫宅在其东邻，所以他每次过生日时，总是请该寺的和尚到他家设斋赞佛。有一回，李林甫施给某和尚一具马鞍，他拿出去卖了七万钱。几年后又有一和尚被请到李林甫家，他极力称颂主人的功德，希望能得到丰厚的施舍。然而，他得到的仅是一个长数寸、状如一枚朽烂钉子的东西，他大失所望（不过这东西装在一个锦匣之内，用香罗帕包得很严）。接连数日沮丧之后，和尚觉得李大人不至于上当受骗，于是就带着那东西来到西市，拿给一个胡商看。胡商看到后非常吃惊，说："上人安得此物？必货此，不违价。"和尚趁机试着向他要价一百缗，胡人大笑道："何止。"和尚便提高很多要到五百缗。胡人说："此宝价值一千万缗！"说完便付钱给他。和尚打听此为何宝，胡人说："这是宝骨。"（见段成式《酉阳杂俎续集》卷五所收《京洛寺塔记》释门故事）

由此可知，长安西市居住过从事珠宝买卖的胡商。《南部新书》中也载有西市胡人贵蚌珠、贱虵珠的事情，说虵珠乃虵（蛇）所吐之物，而只有胡人能看出两者的区别。除了珠宝商，经营高利贷的胡商也有很多，据《资治通鉴·唐纪》代宗、德宗等，天宝之乱后，胡商特别是后文将述的"昭武九姓"，资产大幅增加，这应该就是来源于放高利贷。文宗太和五年（831）六月，右龙武大将军李甚之子向回纥人借了一万一千四百贯钱，因无力偿还，被回纥人告状，最终李甚因此被贬为宣州别驾。由于这次事件，皇上下诏禁止在互市以外与胡人进行财物交易。(《册府元龟》卷九九九《外臣部·互市》，诏文见《全唐文》卷七十二》) 胡人带来的货币，在吐鲁番、河南陕县、西安近郊、青海西宁（以上为波斯萨珊朝银币），咸阳底张湾（以上为东罗马金币）等地均有出土，详见夏鼐《中国最近发现的波斯萨珊朝银币》、《青海西宁出土的波斯萨珊朝银币》、《咸阳底张湾隋墓出土的东罗马金币》(《考古学论文集》所收）等文。

河南陕县（1、2）和陕西西安（3、4）出土的
波斯银币（夏鼐《考古学论文集》）

西安近郊出土的两枚银币，是1955年陕西省文物管理委员会在西安近郊的一处隋唐墓葬中发现的，一枚是波斯萨珊朝 Khusraw 二世（590—627）时期的银币，一枚是波斯萨珊朝后期银币的仿制品。前者重4.1克，直径3.25厘米，正面铸有国王的半身像，王冠为半圆球形，背面中央有祆教（拜火教）祭坛，两侧各站着一位祭祀。咸阳底张湾出土的一枚东罗马金币，是1953年从底张湾的隋墓中发掘到的，重4.4克，直径2.1厘米，正面有国王半身像，背面是女神像，金币上还铸有拉丁文铭文，可知其为 Justinus 二世（565—578）时期之物，来自遥远的君士坦丁堡。

关于胡商经营邸店的情况，见《太平广记》卷十六《杜子春》引《续玄怪录》，说老人与杜子春约在西市的波斯邸见面，这里的波斯邸应该就是指波斯人经营的邸店。

此外，还有许多做小买卖的胡商，也包括餐饮业。胡食指饆饠、烧饼、胡饼、搭纳等，（慧琳《一切经音义》卷三十七《陀罗尼集十二》）自汉魏就已传入中国，唐朝时则更为流行。据向达考证，饆饠是由毕国（Bikand）即布哈拉一带的人带来的食品，现代中亚、印度、新疆等伊斯兰人食用的抓饭（印度称 Pilan）即是。据段成式《酉阳杂俎》记载，卖饆饠的店在东市和长兴里。胡饼即现在的蒸饼，表面撒有芝麻的叫胡饼，没有芝麻的叫烧饼。前文曾引《太平广记》卷四五二所收沈既济《任氏传》，说东市南第三坊坊门处有胡人的卖饼店，当时这样的店铺似乎还有很多。在唐代，西域的酒也非常流行，唐初比较受欢迎的是高昌的葡萄酒，后来又流行喝波斯的三勒浆、龙膏酒等。这样一来，胡人经营的酒肆也随机出现了。胡人的酒肆中一般都有陪酒的胡姬，这在唐诗中多有吟咏，如著名的李白《少年行》中的一段：

五陵年少金市东，银鞍白马度春风。
落花踏尽游何处，笑入胡姬酒肆中。

据石田幹之助《当垆的胡姬》（《长安之春》所收），“金市”即西市，酒肆的胡姬盖指伊朗一带的女子。

留学生及留学僧

唐长安还聚集了许多外国留学生，他们主要来自日本、新罗、高丽、百济、高昌等国家，其中尤以日本、新罗人数最多。文宗开成五年（840）四月，鸿胪寺上奏说，因新罗国王驾崩，故请允许其质子及年限已满的留学生一百零五人归国。（见《唐会要》卷九十五《新罗》）由此可知，当时有新罗质子及留学生一百零五人滞留在长安。日本留学生均随历次遣唐使一道来朝和归国，数量亦非常可观，其中已知姓名的有巨势药（653［入唐年，下同］—？［归国年，下同］）、冰连老人（653—？）、筑紫萨野马（? —671）、韩崎胜娑婆（? —671）、布师首磐（? —671）、吉备真备（717—735）、大和长冈（717—735）、阿部（倍）仲麻吕（717—未归国）、藤原刷雄（752—?）、膳大丘（752—?）、高内弓（? —763）、橘逸势（804—806）、春苑玉成（838—839）、菅原梶成（838—839）等。（据王辑五《中国日本交通史》）这些人住在长安，短则一到两年，而时间长的如吉备真备、大和长冈等，竟达十八年之久。留学生滞留期间的衣食，由本国负担，但唐政府有时也会提供。接待留学生的是鸿胪寺，学习主要在国学“六馆”即国子馆、太学馆、四门馆、书学馆、律馆和算学馆，由国子监负责监督。

长安还汇聚了许多以研习佛学为主要目的的学问僧。日本的入唐学问僧，已知姓名的有六十多位（见前出《中国日本交通史》），其中大部分都曾到长安访学。与此同时，从西方来长安传教的僧人也很多，印度僧人曾在大兴善寺、大慈恩寺、经行寺、崇福寺、西明寺、大荐福寺、醴泉寺等从事译经的工作。景教方面，贞观九年（635）传教僧阿罗本来到长安，后在义宁坊建立了大秦寺，但当时接诏成为度僧的只有二十一人；而德宗建中二年（781）所立“大秦景教流行中国碑”（现存于陕西碑林博物馆）的两侧，用叙利亚文记载着七十位景教僧的名字。祆教方面，高祖武德四年（621）于布政坊建胡祆祠，仪凤二年（677）于醴泉坊建波斯胡寺。布政坊胡祆祠设有叫作“萨宝”的官职，长安发现的“米萨宝墓志”（原文见《唐代长安与西域文明》）记载，米萨宝于天宝元年（742）在长安县崇化里私宅亡故，据说他是住在长安的米国（弭秣贺）人，担任过祆教的萨宝一职。摩尼教于武则天延载元年（694）传入中国，代宗大历三年（768）于长安建大云光明寺，信徒多为在唐回纥人，会昌三年（843）武宗废佛时，摩尼教也遭到了禁绝，据说当时有长安女摩尼七十二人殉教。

唐代以前迁入的西域人

还有不少唐代以前就住在中国、已经汉化了的西域人。下面根据桑原骘藏《关于隋唐时代往来中国的西域人》（《东洋文明史论丛》所收）、向达《唐代长安与西域文明》等，对其中的主要人物进行介绍。

首先是于阗的尉迟氏。它有三个来源，一是北魏尉迟部的一族，已经汉化很久了；二是隋唐之际作为质子入唐的；三是祖系和来历不明的。第一种中以尉迟敬德一族最为著名，其私邸在西市南长寿坊，但长寿、永平、嘉会三坊都有其族人居住。第二种中有知名画家尉迟跋质那、乙僧父子，向达认为他们是质子无疑，但此事未见记载，父子二人均曾被封为郡公，乙僧还被授予了宿卫一职。

其次是疏勒的裴氏。裴氏原为疏勒国王姓，唐初入唐为质子，宿卫京师。其中最有名的是裴玢一家，裴玢的五世祖裴纠原是疏勒王，武德年间（618—626）来到中国，拜鹰扬大将军，封天山郡公，从此便入户籍定居在了长安。中国佛教史上著名的慧琳也是裴姓、疏勒国人，他住在长安西明寺，著述了《一切经音义》。

此外还有龟兹的白氏，隋唐间有位乐府伶工白明达，据说就是龟兹人。

最后是昭武九姓。他们是来自西域的胡人，分姓九种姓氏。“九姓”有说是康、安、曹、石、米、何、火寻、戍地、史的，（《新唐书》卷二二一下《西域传》）也有说是米、史、曹、何、安、小安、那色波、乌那曷、穆的。（《文献通考》卷三三八四《裔十五》）上述九姓中，以康、安两氏最具代表性。康氏原为康国（撒马尔罕）人，如康国大首领康艳典、石城镇将康拂耽延及其弟舍拨，玄宗时期为安南都护、肃宗时为鸿胪卿的康谦，琵琶高手康昆仑等，据说安禄山原来也姓康，后来才变为安氏的。安氏来自安国（布哈拉），安兴国为右武卫大将军归国公，入住长安，抱玉时赐李姓，抱玉与其弟抱真同为唐朝名将，据说抱玉家在长安安福门西北的修德坊。曹氏来自曹国（劫布呾那），多出乐工和画家，曹保及其子善才、其孙曹纲均为琵琶高手。石氏来自石国（塔什干），长安出土的石崇俊墓志记载，其祖上是西域人。米氏来自米国，有以音乐著称的米家荣、米和父子，以及米禾稼、米万槌等。何氏来自何国（屈霜你迦），曾住在长安大荐福寺的僧伽俗姓何，据说是何国人。

11. 长安与周边诸国的都城

渤海东京城

长安的都城建制，曾对周边诸国产生巨大的影响，这里仅就长安都市形制与渤海东京城、日本平城京之间的关系，进行一下简单阐述。

渤海由中国东北松花江流域的粟末靺鞨首领大祚荣合并附近诸部而成，唐圣历三年（700）独立，称震国，第三代大钦茂时期由唐得渤海王之名。至第十五代大諲撰被耶律阿保机（辽太祖）灭掉之前，持续了228年。渤海积极引进唐朝文化，在地方制度上采用了五京十府制。五京指上京龙泉府、中京显德府、东京龙原府、南京南海府、西京鸭渌府，最早曾以中京显德府为首都，第三代大钦茂时期移至上京龙泉府，接着又迁至东京龙原府，第五代大华玙再度迁至上京，直至渤海灭亡。上京龙泉府在今黑龙江省宁安县东京城，现存有内外城墙、宫殿、禁苑等遗址，白鸟库吉于明治四十三年（1910）、鸟山喜一于大正十五年（1926）、鸟居龙藏于昭和二年（1927），分别对其进行过调查。昭和八年至九年（1933—1934），东亚考古学会对其进行了正式发掘，并发表了报告书《东京城——渤海国上京龙泉府址的发掘调查》（《东方考古学丛刊》5，1939年）。下面就根据上述发掘报告，来看一下东京城的形制规划。

《盛京通志》卷十五《城池》载，旧东京城在宁古塔城西南六十里、虎儿哈河以南，周围三十里，四面七门，内城周围五里，东、西、南各一门。根据发掘结果看，首先，外城有土墙包围，东城墙长二十九町二十六间（一町为六十间，约109米），西城墙长三十町三十三间，南城墙长四十町五十间，北城墙长四十一町十六间。除东墙南端和南墙东半部破损外，均保存较为完好，东、西、南三面城墙基本为直线，仅有北墙中间九町左右的部分向北凸出一町，凸出的部分正好是宫城的位置。城墙高二间左右，顶部宽二至三尺，城墙内侧上部三尺用整齐的石块加固，下部以红褐色土筑成斜面；外侧红褐色土的斜面部分，坡度比内侧略陡，上部虽有不规则的石块，但不像是加固用的。南北城墙上各有一处城门遗址，东西城墙上各有两处，北门保存尤其完好，左右间隔二十五尺，各列有四个础石。西城墙北部和北城墙东半部外侧，发现了壕沟遗迹。

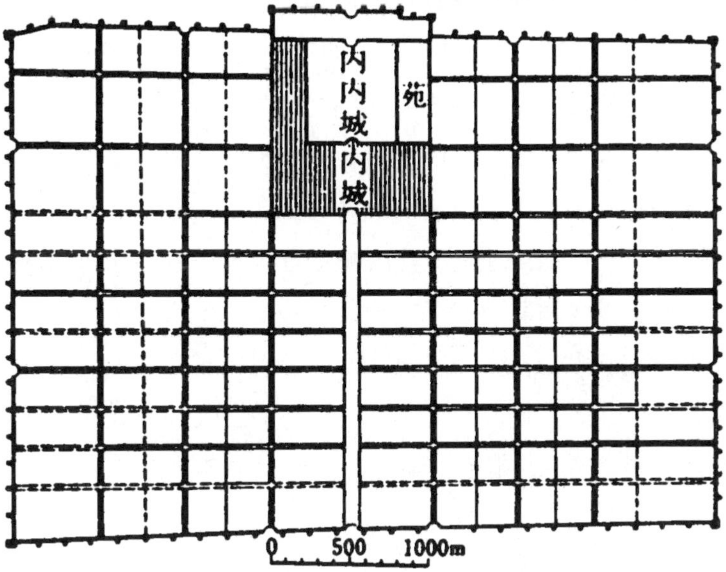

上京龙泉府复原图(《东京城》)

城内中央自内城南门至外城南门间，有大路连接，幅宽四十八间，长二十町，这被认为相当于长安城的朱雀街。以此大路为界，城内分为东西两区，东西区各有四条南北向的大街。东西向的大街，内城两侧各四条，内城以南八条。由纵横的大街分成的坊，东西两半各四十一个，全城共八十二个，比唐长安城的一百一十四坊少三十二个，但比日本平城京的六十八坊要多十四个。坊的面积，北起第二街与第三街之间、第三街与第四街之间的十二个坊，均为东西二百七十间、南北二百五十余间；内城以南“朱雀街”大路左右的十六个坊，均为东西二百六十间、南北一百四十余间；其他诸坊均为东西二百七十间、南北一百四十间。南、北、西三面城墙下，各留有二十至三十间宽的空地，东城墙下的空地更是宽达一百间。

据推测，东墙下的空地宽，或因东墙相邻各坊面积较大，抑或像长安那样设有夹道。

内城占据着东西第四街以北一片东西长九町四十三间、南北长十町五十间的区域，周围设有土墙。南北墙中央各有一座城门，南门遗址正对着南边的大路，城门南北两侧各有八个础石，中间的石垣上有三个门道。宫城占据着内城中东西五町、南北六町的一片区域，周围有石块加固的土垒，内部也有纵横的土垒。宫城中轴自南向北列有六座宫殿遗址，宫殿东侧还留有禁苑遗址。六座宫殿中，南起第二座应该相当于太极殿，在高九尺余、东西一百八十五尺、南北八十尺的土台上，发现了建筑遗迹，从础石看，是一座十一间四面建筑，其两侧也有建筑遗迹，向东西两侧还有复廊延伸。回廊长度，南北约四百四十尺，跨度二十八间。禁苑为君臣游宴之地，东西占地二町余，南北占地三町余，周围有高数尺的石垒，北部有一座七间四面的建筑遗址，南侧附有三面类似玄关的结构，东西还各建有回廊。这座宫殿南有一座长径一町半、短径约一町的池塘遗址，池中有两座假山，假山上发现了八角堂址。

驹井和爱指出，这座渤海禁苑与日本的“寝殿造”存在着以下相同之处：

①渤海禁苑周围的石垒上，西侧靠北处有门迹，这相当于日本寝殿造的四脚门。

②渤海禁苑的主要宫殿位于整个区域的北侧中央，左右有延伸的走廊，两端尽头各有一座小建筑，这就相当于寝殿造的寝殿和对屋。

③渤海禁苑和日本寝殿造一样，都在建筑的南侧凿有水池，池中布有假山。

驹井还推测，论渤海禁苑和日本寝殿造的源头，都可以溯源至唐代的宫殿建筑。（见《中国考古学研究》所收的《渤海的禁苑与我国的寝殿造》）这也就是说，渤海上京龙泉府是以唐长安城为范本的，只不过是将其缩小了一些而已。

驹井对东京龙原府也进行了调查，确认它与上京类似。龙原府遗址在今吉林省珲春县“半拉城”，内城面积为东西700米、南北750米。宫城位于内城最北的中央，东西220米、南北320米。相当于太极殿的南起第一殿破坏严重，其后的内里第二殿建在地势略低处，平面呈曲字形。东西30米、南北20米的区域内，排列着1米大小的花岗岩础石，可知原来是一座七间四面的宏伟建筑。外郭城已经不复存在。（见《庆祝董作宾先生六十五岁论文集》所收的《渤海东京龙原府宫城址考》、《史观》81所载《渤海五京及其名产》）关于中京显德府，有鸟山喜一的《渤海中京考》（《考古学杂志》34－1），他认为吉林省和龙县西古城子的故城即是，调查结果显示，故城周围残存有东西640米、南北720米的土墙，靠北部有宫城，东西190米、南北310米，宫城内自南向北排列着相当于太极殿和内里的宫殿，其规模及出土的砖瓦，均与东京龙原府相同，推测为同一时期所建。

东京龙原府和中京显德府，应该也都是按照长安城的形制建的。而且，不仅是这些渤海国的都城，辽灭渤海后建造的中京大定府、上京临潢府等，也都将宫城建在了城的最北边。还有后来的金上京会宁府、元大都，也都采用了与此相同的形制。

日本平城京

元明天皇和铜元年（唐中宗景龙二年，708）二月十五日，颁布了迁都平城的诏书(《续日本纪》卷四)，其中有如下一段：

> 方今平成之地，四禽叶图，三山作镇，龟筮并从，宜建都邑。其营构资，须随事条奏。亦待秋收后，令造路桥。子来之义，勿致劳扰；制度之宜，合后不加。

这里说平城之地三面有山，南面开阔，四神（朱雀、青龙、白虎、玄武）相应，占卜的结果也证明非常适宜建都。当年九月任命造京城京司，秋收后开始营建。和铜三年实施了迁都，但工事并未完成，其中最大的原因是参与营建的役民逃跑太多。据《续日本纪》，和铜四年九月，宫垣尚未建成，需要搭建简易的军营来保卫兵库。和铜五、六年才建成朝堂、大极殿。而宫内殿舍、官衙建筑全部建好要更晚，应该是在灵龟至养老（715—724）之际。后来还经过了数次改建。

对平城宫进行正式调查，始于关野贞。关野实地考查了奈良市西郊的佐纪，认为散落在水田中被俗称为大黑芝、子安芝等长满青草的小丘，就是大极殿和朝堂的遗址。关野后来一直对其进行跟踪研究，明治四十年（1907）发表了《平城京及大内里考》（《东京帝国大学纪要》工科3）。二战结束后，奈良国立文化财研究所对平城京进行了发掘调查，特别是昭和三十四年（1959）以后进行的大规模发掘，让我们获知了许多新的情况。

平城京南北长约4.8公里、东西长约4.3公里，左京旁还带有一块南北约2.1公里、东西约1.6公里的“外京”，整个面积加起来也不过是唐长安城的四分之一。城内由南北九条、东西各四坊构成。宫城在北侧正中，以往被认为是一个方八町（约1公里）的区域，但最近的发掘发现，其东边北端有四分之三的部分向东凸出250米，整个宫城面积为120公顷。

宫城周围有高大土墙及壕沟环绕，包括正门朱雀门在内，一共有十二座门。内部有举办国家礼仪的朝堂院、天皇居住的内里以及行政八省的官衙。朝堂院最初建造时正对朱雀门，内里在它的正北边，但后来朝堂院和内里都被向东移了。朝堂院和内里占整个宫城面积的十分之一左右，其周围的剩余区域上，整齐地排列着神祇官、太政官以及兵部、大藏、宫内各省，还有弹正台、衙门府等诸多官署。

关于平城京的条坊，关野认为，一个区域即一町为四十丈，大路宽七丈，小路宽三丈，朱雀大街二十丈。但奈良国立文化财研究所的航拍结果显示，朱雀、二条之外还有宽阔的大路，整体区域分割都是按照标准尺（以1 800尺为单位）来完成的，要想让路宽大于标准尺，就得将相邻条坊的面积向后缩进。一般的大路宽八丈（约24米），小路宽四丈（约12米），朱雀大街为二十八丈（约85米），一坊大路为十二丈（约35米）；朱雀大街与一坊大路之间，还有一条宽十丈（约30米）的大路；二条大路宽十六丈（约48米）。

一般认为，平城京乃仿照唐长安城的形制而建，但严格地讲，它与唐长安城也有不同之处，不像渤海上京龙泉府那样完全忠实于对长安城的模仿。如长安城是东西长、南北短，而平城京是东西短、南北长，比起长安，它更接近于洛阳的内城。村田治郎在《中国文化与平城京》（《大和文化研究》7－9）一文中认为，平城京除了这点仿照洛阳城外，南北九条、东西八坊的结构，也与北魏洛阳城内城的南北九里、东西六里更为接近，平城京都市规划的原型，不应该仅有唐长安城，还应该参考了唐洛阳城甚或秦汉至北魏洛阳城（北魏的洛阳内城）的特点。而平城京周围不设城墙、城门规模偏小等特点，应该是按照日本的国情变通而为之的。除上述区别外，平城宫也不像长安那样将宫城与皇城严格区分，而是将官厅区设在了环绕宫城中心的区域。平城宫内相当于长安城皇城官厅区的部分上，建有朝堂院，它与大极院一道，组成了天皇、贵族及高官们正威仪、行仪礼的场所。这一点反映出中国与日本在国家规模上的差异，但它同时也表明，日本当时虽为律令制国家，但政治经济大权均掌握在天皇及其侧近之有力贵族的手中。（见“埋藏的奈良古都——平城宫展”解说词，朝日新闻社）

按照上述村田的复合起源说，还不能完全解释平城京为何会采用这种形制。在平城京之前，自7世纪初起，大和飞鸟之地上共建过近二十座宫都，其中故址已经明确的，只有藤原宫。岸俊男认为，藤原京是日本最早一座采用中国条坊制而建的都城，而平城京是藤原京的次生产物。岸俊男的观点见于《京域的设定与藤原条坊制》（奈良教育委员会《藤原宫》）、《从飞鸟到平城》（《古代的日本－5》中的《近畿》）等文。

岸俊男指出，藤原京遗址在现在的橿原市高殿町，京域以横大路为北京极、中道为东京极、下道为西京极，东西四里（约2.1公里）、南北六里，其间左右各设四坊，南北设十二条。宫域东西占中间四坊，南北占一条至六条，内有大极殿，及前面由十二堂和东西朝集殿组成的朝堂院。在藤原京与平城京的关系上，下面一点尤为重要，那就是：沿藤原京中道和下道的延长线向北平移，再以下道为基准向西扩大两倍，就是平城京。也就是说，平城京的左京与藤原京的左右两京同宽，在此基础上再加上右京即成。此外，藤原宫的朝堂院位于宫城正中，而平城宫的第一代朝堂院和内里也位于中央。甚至寺院和宅邸，在由藤原京移至平城京时，也保留了原来的位置关系。由此得出的结论是，平城京的直接原型是藤原京。

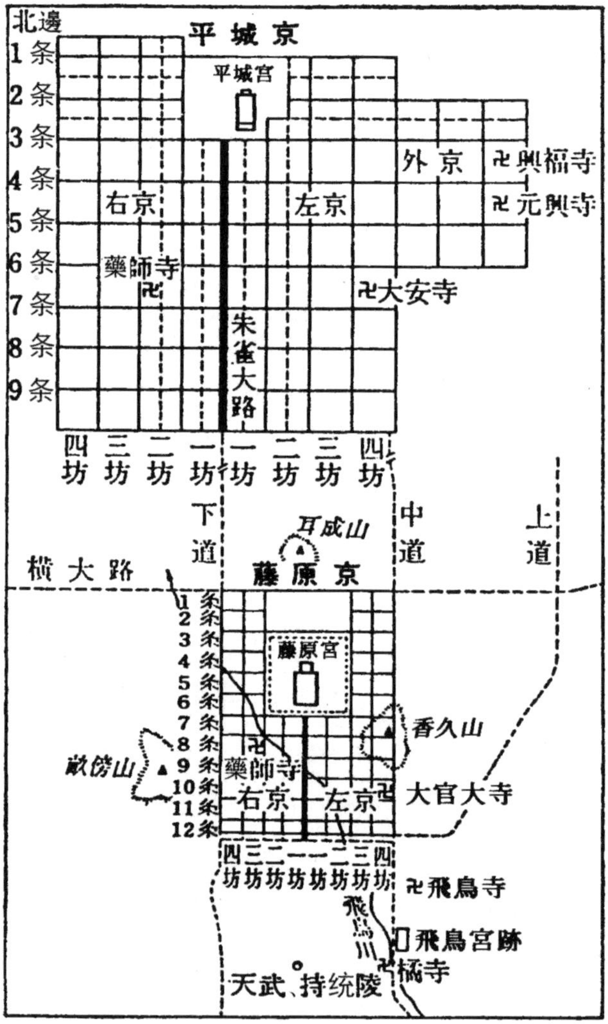

藤原京与平城京比较对照图

（《古代的日本》5）

《日本书纪》中，关于营造藤原京的记载初见于持统四年（690）十月。而岸俊男认为，天武十三年（684）三月天武天皇巡行京师时确定了宫室的位置，那就是藤原京，藤原京的规划就是那时完成的。天武十三年相当于唐中宗嗣圣元年，从时间上看，藤原京也可能受到过唐长安城形制规划的影响。但藤原京形状南北较东西长，且宫城北侧留有一块宽度相当于两“条”的空地，这些都与北魏洛阳的内城类似。鉴于以上诸点，也有人认为藤原京是受到北魏洛阳城的影响，但北魏洛阳城内城的情况是怎么传入日本的？为什么非要建成那样的形制？这些疑问又会接踵而来。我倒觉得，是因为藤原京依古道而建，所以才有必要在唐长安城形制的基础上加以改变吧。平城京也一样，一方面受唐长安城的影响，一方面又要考虑其原型藤原京的情况，以及自然环境、国情等的不同，所以才产生了许多不同于唐长安城的地方吧。

结束语

至此，本书从形态、规模、行政制度、防御体制、经济生活、宗教、文化等各方面，对汉、唐长安进行了阐述。汉、唐长安都是以帝王为核心的都城，但唐长安在规模上要大得多，都市的设计和制度也都相对完善。因此，唐长安成为了东亚古代都城的典范，对周边诸国的都城产生了巨大的影响。

然而，在唐代达到鼎盛的长安，唐代以后却再也没有成为都城。关于唐代以后长安城的衰落，后世的中国学者们众说纷纭。顾炎武《天下郡国利病说》第一册《北直上》，介绍了王士性《五岳游章》中的“三龙说”，据说这是古代堪舆家（地相学家）的主张，下面介绍其要旨。

青海至新疆南部的昆仑山脉，是天下山川的起点，它向中国方向放出三条龙脉，三龙行处必现王者。三龙指中龙、北龙、南龙等三条山脉。中龙由西藏进入四川省西北部，为岷山，被岷江分为左右二脉；出岷江右者，仅裹扬子江上游叙州而终；出岷江左者，由大散关连陕西关中，经过渭水、汉水之间，为秦岭、华山，再向东进入河南，为嵩山，又向东南转为荆山，拥淮水，入山东，为泰山，最终入海。北龙指昆仑山诸支脉中进入中国的东南支脉，而它在进入中国前就一分为三，最北的支脉为长城外鄂尔多斯西边的贺兰山脉、内蒙古的阴山山脉，再南下入山西，作太行山脉，向东为医巫闾山脉，最终入海。南龙出自西藏，沿扬子江上游的丽江而下，进入云南省，由云南东北部的沾益进入贵州，再向东北到达湖南省的沅陵，由此分为数支。第一支由湖南省南部的武冈出湘江，至武陵而终；第二支入广西桂林，向东北入湘江，经衡山，再向东北至庐山而终；第三支为江西、广东、湖南境内的大庾山脉，向东北延伸至江苏、浙江，终于太湖边。第三条支脉又分为两小支脉，一条自大庾山脉伸向东边的福建，一条为浙江省中部的括苍山、天台山、四明山，在宁波入海。

说古今的王气，最早发于中龙，且最盛、最长，北龙次之，南龙最晚，自宋南渡始兴。具体地说，伏羲都陈（河南淮阳），少昊都曲阜（山东曲阜），颛顼都牧野（河南省淇县南），周都岐山（陕西岐山）、丰、镐，秦、汉、唐均都关中，宋都开封，这些都城都在中龙沿线，因此说中龙最早也最久。黄帝兴于涿鹿（河北省涿鹿县东南），尧都平阳（山西省临汾市西南），舜都蒲坂（山西省永济市虞都镇），禹都安邑（山西省夏县北），其后匈奴、突厥等“夷狄”出身者入主中原，最后还有辽、金、元等越过长城统治中国，这些政权均沿北龙而兴，因此说北龙仅次于中龙。吴、越国人在太伯时断发文身，楚国人在春秋时期也着夷服，到三国时代的吴国及南朝诸天子时，初为王业，但偏于中国之一隅，无一王朝持续过百年，宋南渡后才有了超过百年的国家，明朝时南方才真正诞生了统治中国的君主。不过，同样为南龙，只有东南兴盛，而云南、贵州、广东、广西诸省均未开化，又是为什么呢？据说那是因为南龙到明太祖时才始兴王气，其他地方不久便会兴旺。

以上是王士性所介绍的三龙说，它从地势以及其间包含的王气解释了都城的变迁。不过这是明万历人王士性基于明朝王气最盛、明朝统治永存的目的而提出的，他说明代东南有王气，事实上明朝正式的都城是北平，南京不过是陪都而已。正因为如此，王士性还说，不仅明太祖兴于南龙，而且其父陵位于安徽省凤阳府泗州城北门外（今属江苏省泗洪县，见《考古》1963－8载张正祥的调查报告《明祖陵》）即中龙之上，又有都城北平位于北龙之上，所以明朝是三龙兼有。总之，明代出现了“东南王气说”，很值得关注。

进入清朝后，赵翼在《廿二史札记》卷二十《长安地气》中，未取东南发王气之说，而主张地气由西北直接转向了东北，其要旨如下。说地气之盛衰，经久必变，唐开元、天宝间为地气自西北变为东北的一大转换期。秦中自古帝王州，周、秦、汉相继建都在此，苻秦、姚秦、西魏、后周也在此割据，隋文帝亦都秦地，唐亦依之。开元、天宝（713—756）年间，长安达到鼎盛，但盛者必衰，其时因地气欲自西赴东北，故起安史之乱。自此，东北河朔三镇即脱离了唐的势力范围，开始了其独立的活动，那是因为东北地气欲兴，西方之气已经无法涵盖了。不过东北之气方兴未艾，还不够强盛，因此与西方之气形成对峙，谁也无法战胜对方。西北地气日益衰微，帝王之居也无法安宁，唐玄宗之后，诸帝多逃离长安，各处行幸，昭宗时迁都洛阳，不久后唐朝灭亡，长安被编为郡县。此际，契丹安八坚兴于辽，这才是地气自西转向东北的真正信号。不过，契丹也仅领有河北的一部分，未能统一中原；金代拥有了一半天下，至元、明才终于统一天下、定都北京。清朝兴于东北，不仅占领了全部中国，还将势力范围扩大至西北塞外数万里，这是王气完全归于东北的确证。

如冈崎文夫在《中国古文明私记》（下）（《东洋学集刊》9）中指出的那样，赵翼的这一说法，无非是想为清朝建立以北京为中心的帝国而寻找理论支撑罢了。王士性和赵翼，都采用王气、地气等神秘因素解释了中国都城的变迁，而事实上，唐代以后的都城，北宋为开封，南宋为杭州，元为燕京（北京），明为南京、北京，清为北京，真的几乎都在东南和东北。其中的原因，当然有必要考虑各个朝代定都的具体状况，但就一般情况而言，宋代以后，定都之地的首要条件，已经由要害之地变为交通便利、经济繁荣、文化先进之地了。

最后我想简单说一下唐代以后长安的情况。唐末，长安城内的主要建筑几乎都被朱全忠下令毁掉了。不久后的天祐元年（904），佑国军节度使韩建修筑了新城，但不过是以皇城为主，去掉了宫城和外郭城的小规模城池。五代至宋、元，城内的样子变化很大，但城墙的规模没有大的变化。当时的户口数量似乎很少，据现藏于陕西历史博物馆（碑林）的“善感禅院新井记碑”记载，长安“仅数万家”，可知唐代曾拥有百万人口的长安，到宋代已经减员过半了。其后，长安城迎来了另一个重要的历史时期——

明代。洪武（1368—1398）初，都督濮英对长安城进行了增修，据《陕西通志》，其规模为周围四十里、高三丈，有四门，东曰长乐、西曰安定、南曰永宁、北曰安远。当时的城墙一直保留到了今天。洪武二年，将元代的奉元路改为西安府，即今日西安之名的由来。洪武十三年和十五年，修建了至今屹立的钟楼和鼓楼，不过，钟楼原来不在现在的位置，嘉靖五年（1526）由城中心向南略作了移动，使之成为东西南北四条大街的交会点。四座城门也都重修过，特别是将元代奉元城不在一条直线上的南北门进行了修正，使之遥相呼应。现在西安城内的清真寺、关中书院中天阁、文庙大殿（现陕西省博物馆·碑林）等大型建筑，也都建于明代。经过明代修建后，西安城的形态就没有再发生大的改变了。

另外，长安虽在唐代以后没有再作为都城，但还一直是西北地区的行政中心。下面根据《西安历史述略》来看一下其行政制度的沿革。

（一）五代

后梁开平元年（907）改京兆府为雍州，设大安府。

后唐同光元年（923）再建西京，改大安府为京兆府。

后晋天福元年（936）废西京，置晋昌军。

后汉乾祐元年（948）改晋昌军为永兴军。

（二）宋

至道三年（997）设陕西路。

熙宁五年（1072）设永兴军路。

（三）金

皇统二年（1142）改永兴军路为京兆府路。

（四）元

中统元年（1260）设陕西四川行省。

至元七年（1270）重设四川陕西行中书省。

至元十六年（1279）改京兆府为安西路。

至元十七年（1280）又改为陕西四川行中书省。

至元二十三年（1286）设陕西等处行中书省。

皇庆元年（1312）改安西路为奉元路。

（五）明

洪武二年（1369）改奉元路为西安府。

洪武九年（1376）设陕西左右承宣布政使司。

崇祯十六年（1643）李自成改西安为长安，称西京。

（六）清

顺治二年（1645）沿袭明制称西安府，分城内外为咸宁、长安两县。

（七）辛亥革命以后

民国元年（1912）废咸宁县，并入长安县。

民国二年（1913）废西安府。

民国十七年（1928）设西安市。

民国十九年（1930）废止市制。

民国三十三年（1944）重设西安市。

（八）中华人民共和国

1949 年 5 月西安市人民政府成立。

1954 年 8 月由直辖市改为省会城市。

如上所列，这里五代以后一直是西北地区的行政中心。不仅如此，它还屡屡成为中国政治史上重大事件的舞台，以下举几个例子。明崇祯十六年（1643）十月七日，李自成攻占潼关，十日占领临潼，十一日兵临西安城下，西安城内守将王根子开东门投降，李自成改西安为长安，称西京，翌年正月自立为王，定国号为大顺，改元为永昌。当年三月，李自成率军攻占北京，明思宗自尽，明朝自此灭亡。再有，就是著名的“西安事变”了，1936 年 12 月，蒋介石在西安被张学良监禁，发生了兵谏。1935 年，结束长征到达陕北、以延安为根据地的中国共产党，呼吁停止内战、共同抗日，但蒋介石依然坚持对中共的“围剿”，派失地于日军的张学良东北军以及杨虎城的西北军去“剿共”。由于东北军中反日情绪强烈，1936 年 5 月，在共产党的呼吁下，双方停止了战斗。当年 12 月，蒋介石赴西安，命令张学良继续“剿共”，但张学良没有答应，反而把蒋介石抓了起来，要求他答应抗日救国八项主张。在这紧急关头，周恩来等中共领导人来到西安，在蒋介石和张学良之间积极斡旋，最终蒋介石被释放，国共双方停止了自 1927 年分裂后持续的内战，为第二次国共合作打下了基础。

上述历史事件虽然和西安的都市形态及制度没有直接关系，但其反映出，长安在唐代以后仍然是中国最重要的城市之一。

学术文库版后记

本书最早于昭和四十六年（1971）出版发行。出版本书的理由，在绪言中已经有所叙述，本书旨在使汉、唐特别是唐长安城的整体布局更加明了清晰，从而有利于日中都城建制的比较研究。本书不仅依据文献资料，还援用了考古资料，并参考了眼下最新的研究成果。希望喜欢本书的读者不仅限于东洋史领域，而且能同时有诸多日本史研究者。然而，由于最初委托的出版社因突发状况退出了出版界，因此本书一直未能重新排版发行。此次得到讲谈社学术文库的吸纳，使得本书得以再次出版发行，喜悦之情无以言表。

然而自本书出版以来，已有三十余年。在此之间，已经有多篇与长安有关的著作、论文问世，相关研究得到突飞猛进的发展。在本书出版发行之后，笔者也创作了数篇著作、论文，对本书的研究进行了增补修订。主要的作品列举如下：

《长安——古代中国和日本》（朋友书店，1974 年）（著）

（以下著作简称“著”、论文简称“论”、报告简称“报”）

此著作虽与本书同名，但正如副标题“古代中国和日本”，其研究重点是长安与古代日本的交通乃至交流关系，以及长安与日本古代都城特别是平城、平安两京的比较。

《都城——中国》（《历史公论》1976 - 10）（论）

《日本都城制与中国都城制》（《月刊历史教育》1 - 2，1979 年）（论）

以上两篇论文紧紧围绕日本古代都城与长安城的比较而进行。

《关于唐长安皇宫的研究》（《江上教授古稀记论文集》，1976 年）（论）

《关于唐朝堂的研究》（《难波宫址与日本古代国家》，1977 年）（论）

以上论文中，前者是针对皇宫，后者是针对朝堂的详细研究。

《洛阳、长安与佛教文化》（《丝绸之路与佛教文化》，1979 年）（论）

该论文以洛阳、长安的寺院为中心进行了研究，探讨东汉至唐代佛教文化的演变发展。

除此之外，还完成了论文《唐长安的粮食问题》，目前还未发表。

本书出版发行以后，除以上拙论外，当然也有许多的资料与论文问世。以下按照秦都咸阳、汉长安、唐长安的先后顺序，对日本和中国的主要研究成果加以介绍。希望大家将其与本书原版后列举的参考资料（第 181 页以后）一并参照。

秦都咸阳

以下是对本书第一章 4 中涉及部分的补充。

（1）秦都咸阳考古工作站《秦都咸阳第一号宫殿建筑遗址简报》（《文物》1976 – 11）（报）

（2）咸阳市文管会等《秦都咸阳第三号宫殿建筑遗址发掘简报》（《考古与文物》1980 – 2）（报）

（3）秦都咸阳考古工作站《秦咸阳宫第二号建筑遗址发掘简报》（《考古与文物》1986 – 4）（报）

（4）韩保全《秦阿房宫遗址》（《文博》1996 – 2）（报）

（5）西安市文物局文物处等《秦阿房宫遗址考古调查报告》（《文博》1998 – 1）（报）

咸阳建有很多宫殿，以上只是其中一部分的发掘报告。尤其是阿房宫，其遗址位于现在西安市以西约 15 公里的三桥镇一带，依据发掘调查的结果，已大致确定遗址的范围，特别是已经确定了前殿为最大的遗址。

（6）李学勤《东周与秦代文明》第一部分第十四章“秦”（文物出版

社，1984 年）（著）

（7）王学理《咸阳帝都记》（三秦出版社，1999 年）（著）

（8）徐卫民《秦都城研究》（陕西人民教育出版社，2000 年）（著）

著作（6）和（8）不仅提及咸阳，还涉及咸阳以前的秦都雍和栎阳，是以遗址及出土文物等考古资料为中心而展开的论述。著作（7）则是以咸阳为主，对其地理环境、范围、形态、宫殿、庙、市肆、陵墓、行政、交通、文化活动、灭亡等诸多问题进行了详细的阐述，成为研究咸阳最适合的入门书。此外，咸阳是否有外城郭仍然有所争议，（7）的作者主张没有外郭城。

汉长安

以下是对本书第二章中所涉及部分的补充。

（9）鹤间和幸《汉长安城自然景观》（勉诚出版社《亚洲游学》20，2000 年）（论）

（10）史念海著、森部丰译《汉、唐时期的长安城与生态环境》（勉诚出版社《亚洲游学》20，2000 年）（论）

近年来对环境史的研究颇为盛行，在此仅列举这两篇关于长安的研究。论文（9）基于对汉长安城及其周边的实地考察，论述了渭水河道的变迁、长安城周边的水利与自然。论文（10）出自中国历史地理研究专家之手，它指出，汉、唐时期长安城的生态环境相当优良，当时国都的发展繁荣，是得益于具备如此有利的条件。

（11）古贺登《汉长安城建设方案——以其与阡陌、县乡制度的关系为中心》（《东洋史研究》31－2，1972 年）（论）

（12）古贺登《汉长安城与阡陌、县乡亭里制度》（雄山阁，1980 年）（著）

（13）池田雄一《秦咸阳城与汉长安城——特别围绕汉长安城建设的经过》（《中国古代村落与地方行政》第七章，汲古书院，2002 年）（著）

（14）佐原康夫《汉代都市机构研究》（汲古书院，2002 年）（著）

论文（11）与著作（12）、（13），主要围绕汉长安城建立在何处等问题展开。（11）、（12）论述汉长安城规划与阡陌、县乡的关系，特别是针对阡陌提出了独特的学说见解。著作（13）指出，汉长安城继承了秦的新都建设规划，在渭水以南的禁苑中建造了长安城。著作（14）第一部分第二、三章中，主要阐述了汉长安城的历史变迁及特色。

有关汉长安城特别是考古调查的报告、研究如下：

（15）刘运勇《西汉长安》（中华书局，1982年）（著）

（16）黄展岳《汉长安城的发掘》（《新中国的考古发现和研究》第四章二，文物出版社，1984年）（著）

（17）王仲殊《汉代考古学概说》（中华书局，1984年）（著）

（18）杨宽《西汉长安布局结构的探讨》（《文博》1984创刊号）（论）

（19）刘庆柱《汉长安城布局结构分析——与杨宽先生商榷》（《考古》1987-10）（论）

著作（15）、（16）、（17），主要是根据考古调查的结果，对汉长安城整体面貌进行的论述。论文（18）阐述的是汉长安城的规划，论文（19）是对（18）的批判。其中的焦点有四：第一，长安城是内城还是外郭城；第二，长安城外有没有宏大的郭区；第三，东西两大市是在城内还是在城外；第四，长安的设计思想来源及其建设规划是什么。

诸如此类的争论在此之后仍然反复出现，这在接下来要介绍的两部著作中有详细的说明。

（20）杨宽《中国古代都城制度史研究·附录》（上海古籍出版社，1993年）（著）

（21）刘庆柱《古代都城与帝陵考古学研究》（科学出版社，2000年）（著）

著作（21）虽说只是论文集，但涵盖了迄今为止关于都城甚至帝陵的许多相关研究问题。

接下来列举的是有关长安城各个遗址的考古调查报告。

（22）中国社会科学院考古研究所汉城工作队《汉长安城武库遗址发

掘的初步收获》（《考古》1978－4）（报）

简报（22）是武器库的发掘报告，武器库位于长乐、未央两宫之间，平面呈长方形，库内分为7个武器仓库，东边4个，西边3个，各自成组。出土的武器以铁制居多，其次是铜制武器，由此可以看出，铁制武器逐步代替了铜制武器。

（23）中国社会科学院考古研究所《汉长安城未央宫——1980～1989年考古发掘报告》（中国大百科全书出版社，1996年）（著）

（24）中国社会科学院考古研究所汉长安城工作队《汉长安城长乐宫二号建筑遗址发掘报告》（《考古学报》2004－1）（报）

（25）中国社会科学院考古研究所汉城工作队《汉长安城北宫的勘探及其南面砖瓦窑的发掘》（《考古》1996－10）（报）

（26）中国社会科学院考古研究所、日本奈良国立文化财研究所中日联合考古队《汉长安城桂宫二号建筑遗址发掘简报》（《考古》1999－1）（报）

（27）同上《汉长安城桂宫二号建筑遗址B区发掘报告》（《考古》2000－1）（报）

（28）同上《汉长安城桂宫三号建筑遗址发掘简报》（《考古》2001－1）（报）

（29）同上《汉长安城桂宫四号建筑遗址发掘简报》（《考古》2002－1）（报）

以上是汉长安城宫殿遗址的发掘报告。其中最重要的是未央宫与长乐宫两座宫殿，简报（23）中关于未央宫的报告尤为详细，涉及宫墙、北宫门、前殿、椒房殿、中央官署、少府（或所辖官署）、西南角楼等，有着与未央宫有关的众多新知新解。简报（24）是基于20世纪80年代起对长乐宫的调查，明确了宫城内道路的分布，并发现了三组建筑群，本篇即二号遗址的报告。简报（25）中指出，根据以往文献资料推测，北宫位于未央宫以北、桂宫东邻，而现场发掘显示的位置与根据文献所类推的稍有不符。简报（26）、（27）是日中研究机构共同发掘调查的成果，阐明了后妃行宫——桂宫的范围，以及二号遗址分为南院与北院等相关情况。

简报（28）、（29）分别是桂宫三号建筑遗址与四号建筑遗址的发掘报告。在2001年奈良国立文化财研究所的公开讲演会上，刘庆柱就作过关于四号建筑遗址出土非常珍贵的王莽时代玉牒（祭天时写祭文的牌子）的相关报告。

（30）陕西省考古研究所汉陵考古队《汉景帝阳陵南区从葬坑发掘第一号简报》（《文物》1992－4）（报）

（31）中国社会科学院考古研究所《汉杜陵陵园遗址》（科学出版社，1993年）（著）

（32）陕西省考古研究所《西汉安陵调查简报》（《考古与文物》2002－4）（报）

（33）孙铁山《关于西汉安陵的新发现》（《考古与文物》2002－4）（报）

（34）刘庆柱、李毓芳著，米村多加志译《西汉皇帝陵的研究》（学生社，1991年）（著）

简报（30）为西汉景帝阳陵的发掘报告。该陵墓出土的大多数俑为首次发现。著作（31）为西汉宣帝杜陵的发掘报告，不仅宣帝的陵墓，皇后的也一并被发掘，同时还调查了陵墓、陵园、寝园（包含寝殿与便殿）及其他陪葬坑的相关情况。简报（32）、（33）为西汉惠帝安陵的发掘报告。著作（34）是西汉各皇帝陵的考古调查研究成果。

（35）西安市文物保护考古所《西安龙首原汉墓》（西北大学出版社，1999年）（著）

长安城的城外也有许多汉代的遗址，著作（35）为城外东南龙首原发现的多数西汉墓的发掘调查报告。这里被认为是京城一般居民的墓葬区。

唐长安

以下是对本书第三章所涉及部分的补充。

首先是本书所举出的日译版史料。

（36）崔令钦、孙棨著，斋藤茂译注《教坊记 北里志》（平凡社，东洋文库，1992 年）（著）

（37）徐松著，爱宕元译注《唐两京城坊考——长安与洛阳》（平凡社，东洋文库，1994 年）（著）

著作（36）在本书“三 唐长安：9. 长安的娱乐设施”一节中有介绍，著作（37）为本书所列参考文献之一，文中也有所引用。

与唐代长安整体面貌有关的日中两国著作，如下所列：

（38）室永芳三《大都长安》（教育社，1982 年）（著）

（39）妹尾达彦《长安的都市规划》（讲谈社，2001 年）（著）

（40）武伯纶《西安历史述略（增订本）》（陕西人民出版社，1979 年）（著）

（41）张永禄《唐都长安》（西北大学出版社，1987 年）（著）

（42）史念海《中国古都和文化》（中华书局，1998 年）（著）

著作（38）以唐史为背景，考察了长安的演变。著作（39）的特色在于，从思想史的观点探究唐长安的都市规划。在中国的著作（42）中，收有《唐代长安外郭城街道及里坊变迁》《唐代长安和洛阳》等相关论文。

下面所列的著作是仅针对城坊的研究。

（43）阎文儒、阎万钧《两京城坊考补》（河南人民出版社，1992 年）（著）

（44）李健超《增订唐两京城坊考》（三秦出版社，1996 年）（著）

（45）杨鸿年《隋唐两京坊里谱》（上海古籍出版社，1999 年）（著）

以上三本著作是对徐松《唐两京城坊考》一书的补订。

下面是唐长安城的考古调查研究。

（46）中国社会科学院考古研究所汉唐考古研究室《考古研究所汉唐宋元考古二十年》（《考古》1997－8）（报）

（47）姜捷《陕西隋唐考古述要》（《考古与文物》1998－5）（报）

简报（46）为 1977 年社会科学院创立以来考古活动的总结概括，也包含了汉、唐长安城的考古活动。简报（47）仅限于陕西的隋唐考古调查研究。

（48）马得志《唐长安城发掘新收获》（《考古》1987－4）（报）

此篇介绍的是1980年以来，对唐长安城的主要发掘地——大明宫的一部分、皇城含光门及坊内著名寺院青龙寺和西明寺的调查研究成果。

关于宫殿、门、寺院、城坊等的研究，在以下列举的报告中有所介绍。

（49）中国社会科学院考古研究所西安唐城工作队《唐大明宫含元殿遗址1995—1996年发掘报告》（《考古学报》1997－3）（报）

（50）中国社会科学院考古研究所、日本独立行政法人文化财研究所奈良文化财研究所联合考古队《唐长安城大明宫太液池遗址考古新收获》（《考古》2003－11）（报）

（51）同上《唐长安城大明宫太液池遗址发掘简报》（《考古》2003－11）（报）

（52）秦建明《唐兴庆宫勤政务本楼位置考》（《考古》1994－2）（报）

（53）中国社会科学院考古研究所西安唐城工作队《隋仁寿殿唐九成宫37号殿址的发掘》（《考古》1995－12）（报）

以上都是与宫殿相关的，简报（49）至（51）是关于大明宫的，简报（52）则是关于兴庆宫的，主要研究的是宫殿、池等。简报（53）中所阐述的九成宫是行宫，依据发掘调查的结果，确定其沿用了隋仁寿宫的形制。

（54）中国科学院考古研究所西安工作队《唐代长安城明德门遗址发掘简报》（《考古》1974－1）（报）

（55）傅熹年《唐长安明德门原状的探讨》（《考古》1977－6）（报）

（56）杨鸿勋《唐长安城明德门复原探讨》（《文物》1996－4）（报）

（57）中国社会科学院考古研究所西安唐城工作队《唐长安皇城含光门遗址发掘简报》（《考古》1989－5）（报）

（58）中国社会科学院考古研究所西安唐城工作队《陕西唐大明宫含

耀门遗址发掘记》(《考古》1988－11)(报)

以上是与城门有关的研究。简报(54)至(56)是对外郭城南侧中央明德门的发掘调查报告，简报(55)、(56)试图对其进行复原。简报(57)是位于皇城西南的含光门的发掘报告。简报(58)是有关大明宫含耀门的发掘报告。

(59)中国社会科学院考古研究所西安唐城工作队《唐长安城安定坊发掘记》(《考古》1989－3)(报)

(60)赵强等《唐长安城发现坊里道路遗迹》(《考古与文物》1995－6)(报)

简报(59)是对安定坊的发掘调查，简报(60)是对平康、宣阳、亲仁三坊以及永宁坊一部分的发掘调查。

(61)中国科学院考古研究所西安工作队《唐青龙寺遗址发掘简报》(《考古》1974－5)(报)

(62)中国社会科学院考古研究所西安唐城工作队《唐长安青龙寺遗址》(《考古学报》1989－2)(报)

(63)中国社会科学院考古研究所西安唐城工作队《唐长安西明寺遗址发掘简报》(《考古》1990－1)(报)

(64)柏明《唐长安太平坊与实际寺》(西北大学出版社，1994年)(著)

以上是唐长安主要寺院的发掘报告。

(65)刘庆柱、李毓芳《陕西唐陵调查报告》(《考古学集刊》，1987年)(报)

(66)昭陵博物馆《唐昭陵李勣(徐懋功)墓清理简报》(《考古与文物》2000－3)(报)

简报(65)涉及唐陵整体面貌，(66)与唐太宗昭陵有关。

(67)王仲殊《论日本古代都城宫内大极殿龙尾道》(《考古》1999－3)(论)

(68)同上《试论唐长安城大明宫麟德殿对日本平城宫、平安京宫殿

设计的影响》(《考古》2001－2)(论)

(69) 同上《关于中日两国古代都城、宫殿研究中的若干基本问题》(《考古》2001－9)(论)

(70) 同上《试论唐长安城与日本平城京及平安京何故皆东半城(左京)为更繁荣》(《考古》2002－11)(论)

(71) 古濑奈津子《日本古代王权与仪式》(吉川弘文馆, 1998年)(著)

(72) 吉田欢《日中宫城的比较研究》(吉川弘文馆, 2002年)(著)

(73) 松本保宣《唐代常朝制度试论——根据吉田欢氏〈日中宫城的比较研究〉》(《立命馆东洋史学》26)(论)

以上都是日中两国古代都城、宫殿比较的相关研究。论文(67)、(68)中论述了唐大明宫含元殿、麟德殿对日本平城京、平安京的宫殿所产生的影响。(71)至(73)是日本方面对日中宫殿进行比较的研究,(71)、(73)针对紫宸殿(以及两仪殿)常朝说,著作(72)提出了太极殿、宣政殿常朝说。

(74) 中国社会科学院考古研究所西安唐城工作队《陕西西安唐长安城圜丘遗址的发掘》(《考古》2000－7)(报)

(74)是关于明德门遗址稍偏东处发现的祭天礼仪建筑遗址的发掘报告。

以上介绍了近三十年来与长安有关的主要研究文献。最后是工具书类。

地图

(75) 史念海主编《西安历史地图集》(西安地图出版社, 1996年)(著)

(76) 国家文物局主编《中国文物地图集·陕西分册》(上、下)(西安地图出版社, 1998年)(著)

著作(75)记录了卫星探测、自然环境、遗迹分布、历史地理与遗迹调查的成果等。(76) 为现在各省正在编纂出版的文物地图集的一种，上册为陕西文物地图以及重点文物图的照片介绍、索引，下册为文物事典。

图录

(77)《重现汉王朝——追溯到2000年前》（读卖新闻社，1999年）(著)

其中与汉长安有关的文物也很多，通过解说可以了解迄今为止的发掘概略。

文献目录

(78) 妹尾达彦《有关唐代长安城的论著目录稿》(私家版，1984年)(著)

该著作网罗了1911年至1983年与唐代长安城有关的文献。关于1983年以后的文献，(39) 末尾的“了解长安的读书指南”中作了收录。

事典

(79) 张永禄主编《汉代长安词典》（陕西人民出版社，1993年）(著)

(80) 张永禄主编《唐代长安词典》（陕西人民出版社，1990年）(著)

以上两部词典都是分项解说的详细事典。

本人由于退休已久，广泛涉猎最新的研究文献有困难，期间得到了爱媛大学藤田胜久教授的大力协助，在此深表谢意。

著者

2004年4月

参考资料

一、史料

班固《西都赋》（《文选》卷一所收）

张衡《西京赋》（《文选》卷二所收）

《西京杂记》六卷

〔六朝〕阙名氏著、张宗祥校录《校正三辅黄图》六卷

韦述《两京新记》卷三（原本为五卷，现存三卷只是残存在尊经阁文库的旧抄本）

宋敏求《长安志》二十卷

程大昌《雍录》十卷

毕沅《关中胜迹图志》三十卷

徐松《唐两京城坊考》五卷

高廷法等《咸宁县志》二十六卷

张聪贤等《长安县志》三十六卷

顾炎武《历代帝王宅京记》二十卷

二、发掘调查报告书

1. 汉长安相关报告

茹士安、何汉南《西安地区考古工作中的发现》(《考古通讯》1955－3)

苏秉琦、吴汝祚《西安附近古文化遗存的类型和分布》(《考古通讯》1956－2)

俞伟超《汉长安城西北部勘查记》(《考古通讯》1956－5)

刘致平《西安西北郊古代建筑遗址勘查初记》(《文物参考资料》1957－3)

王世仁《西安市西郊土地的汉代建筑遗址》(《文物参考资料》1957－3)

祁英涛《西安的几处汉代建筑遗址》(《文物参考资料》1957－5)

王仲殊《汉长安城考古工作的初步收获》(《考古通讯》1957－5)

同上《汉长安城考古工作收获续记——宣平城门的发掘》(《考古通讯》1958－4)

雒忠如《西安西郊发现汉代建筑遗址》(《考古通讯》1957－6)

许道龄、刘致平《关于西安西郊发现的汉代建筑遗址是明堂或辟雍的讨论》(《考古》1959－4)

曾庸《西汉宫殿、官署的瓦当》(《考古》1959－12)

唐金裕《西安西郊汉代建筑遗址发掘报告》(《考古学报》1959－2)

考古研究所汉城发掘队《汉长安城南郊礼制建筑遗址学发掘简报》(《考古》1960－7)

黄展岳《汉长安城南郊礼制建筑的位置及其有关问题》(《考古》1960－9)

钟凤年《评“水经注选释”》(《考古》1961－5)

黄盛璋(《关于〈水经注〉长安城附近复原的若干问题》)(《考古》1962－6)

王世仁《汉长安城南郊礼制建筑(大土门村遗址)原状的推测》(《考古》1963－9)

2. 唐长安相关报告

何汉南《西安西郊清理出一批唐代造像》（《文物参考资料》1957－6）

马得志、张正龄《西安郊区三个唐墓的发掘简报》（《考古通讯》1958－1）

陕西省文物管理委员会《唐长安城地基初步探测》（《考古学报》1958－3）

同上《长安县南里王村唐韦洞墓发掘记》（《文物》1959－8）

马得志《唐大明宫发掘简报》（《考古》1959－6）

同上《唐长安兴庆宫发掘记》（《考古》1959－10）

同上《唐代长安城平康坊出土的鎏金茶托子》（《考古》1959－12）

中国科学院考古研究所《唐长安大明宫》（中国田野考古报告集 考古学专刊丁种第11号，科学出版社，1959年）

中国科学院考古研究所资料室《中国科学院考古研究所1960年田野工作中的主要收获》（《考古》1961－4）

中国科学院考古研究所西安唐城发掘队《唐长安城西市遗址发掘》（《考古》1961－5）

马得志《1959—1960年唐大明宫发掘简报》（《考古》1961－7）

程学华《唐贴金画彩石刻造像》（《文物》1961－7）

唐金裕《西安市西郊唐代砖瓦窑址》（《考古》1961－9）

夏鼐《中国最近发现的波斯萨珊朝银币》（《考古学论文集》，科学出版社，1961年）

同上《西安唐墓中出土的几件三彩陶俑》（《考古学论文集》，科学出版社，1961年）

中国科学院考古研究所资料室《中国科学院考古研究所一九六一年田野工作的主要收获》（《考古》1962－5）

中国科学院考古研究所西安发掘队《唐代长安城考古纪略》（《考古》1963－11）

刘致平、傅熹年《麟德殿复原的初步研究》（《考古》1963－7）

卢兆荫《关于西安北郊所出唐代金花银盘》（《考古》1964－3）

中国科学院考古研究所西安唐城发掘队《唐青龙寺遗址踏察记略》（《考古》1964－7）

陕西文物管理委员会《西安发现晚唐祆教徒的汉、婆罗钵文合璧墓志——唐苏谅妻马氏墓志》（《考古》1964－9）

3. 两者都涉及的报告

中国科学院考古研究所《新中国的考古收获》（文物出版社，1962 年）

三、研究论文、著作

向达《唐代长安与西域文明》（三联书店，1957 年）

陕西省博物馆《西安历史述略》（陕西人民出版社，1959 年）

关野贞《清国河南陕西旅行记》（《中国的建筑与艺术》，岩波书店，1938 年）

同上《平城京及大内里考》（《东京帝国大学纪要（工科）》3，1907 年）

桑原騭藏《大师入唐》（《东洋史说苑》，弘文堂书房，1927 年）

同上《考史游记》（弘文堂书房，1942 年）

小笠原宣秀《唐都长安佛寺状况》（《龙谷史坛》6）

那波利贞《中国都邑城郭及其起源》（《史林》10－2）

同上《基于中国都城规划史的唐长安城考察》（《桑原博士六十寿辰纪念东洋史论丛》）

足立喜六《长安史迹研究》（《东洋文库论丛》20－1、2，东洋文库，1933 年）

伊藤清造《汉长安城考》（《考古学杂志》23－7、9）

石田幹之助《长安之春》（创元社，1941 年）

驹井和爱《中国都城》（《日本古代与大陆文化》，野村书店，1948 年）

宇都宫清吉《西汉首都长安》（《汉代社会经济史研究》，弘文堂，1955 年）

福山敏男《校注两京新记卷第三》（《美术研究》170）

同上《唐长安城的东南部——吕大防长安图碑复原》（《古代学》2-4）

原田淑人《长安所感》（《考古通讯》1957-5）

平冈武夫《唐代长安与洛阳》（索引、资料、地图）（京大人文科学研究所，1957年）

同上《唐长安城杂记》（《东洋史研究》11-4）

同上《唐长安》（《历史教育》14-12）

小野胜年《长安大明宫》（《佛教艺术》51）

同上《入唐求法巡礼行记的研究》第三卷（铃木学术财团，1967年）

冈崎敬《汉代长安与洛阳》（《东洋史研究》16-3）

同上《隋大兴=唐长安城和隋唐东都洛阳城——以近年的调查成果为中心》（《佛教艺术》51）

护雅夫《以长安为中心的东西文化交流》（《东洋学术研究》8-4）

佐藤武敏《汉代长安的市》（《中国古代史研究》第二，吉川弘文馆，1965年）

同上《汉代的都市——特以长安为中心》（《历史教育》14-12）

同上《唐代的市制与行——特以长安为中心》（《东洋史研究》25-3）

宫崎市定《汉代的里制与长安坊制》（《东洋史研究》21-3）

岸边成雄《唐代音乐的历史性研究 乐制篇》（上、下）（东大出版会，1960、1961年）

曾我部静雄《中国及古代日本乡村形态的变迁》（吉川弘文馆，1963年）

同上《以律令为中心的日中关系史研究》（吉川弘文馆，1968年）

浜口重国《秦汉隋唐史研究》上卷（东大出版会，1966年）

筑山治三郎《唐代政治制度研究》（创元社，1967年）

日野开三郎《唐代邸店研究》（私家版，1968年）

阿瑟·F·莱特《象征性与功能——长安及其他大城市相关考察》（《历史教育》14-12）

长安关系年表（汉至唐）

公元	时代	皇帝	年号	事项
前 202	西汉	高祖	五年	按照娄敬、张良的建议，决定建都长安
前 200			七年	建成未央宫，高祖自栎阳迁至长安
前 197			十年	令诸侯王在都城建成太上皇庙
前 195			十二年	高祖于长乐宫驾崩
前 194		惠帝	元年	着手长安城建设工程，在城的西北部开展修筑工事
前 192			三年	发动长安周围六百里以内男女十四万六千人、诸侯王列侯的徒隶两万人参与修筑工程都城马厩失火
前 191			四年	长安城东面工事长乐宫的鸿台，未央宫的凌室、织室等失火
前 190			五年	发动长安周围六百里以内的男女十四万五千人参与长安城北的工事，秋九月完成长安城的修筑
前 189			六年	建造长安的西市、敖仓
前 188			七年	惠帝于未央宫驾崩
前 173	西汉	文帝	七年	未央宫东阙罘罳失火
前 157			后元七年	文帝于未央宫驾崩

续表

公元	时代	皇帝	年号	事项
前 153		景帝	前元四年	建造德阳宫
前 140		武帝	建元元年	商议建造明堂
前 138			三年	建造便门桥
前 129			元光六年	挖漕渠通渭水
前 127			元朔二年	建造柏梁台
前 108			元封三年	举行角抵，三百里以内的人都来观看
前 105			六年	京师民众来上林平乐观观看角抵
前 104			太初元年	柏梁台失火
前 101			四年	建造明光宫
前 100			天汉元年	关闭城门进行大搜索
前 99			二年	进行大搜索
前 91			征和二年	因巫蛊之祸，皇太子、皇后与丞相刘屈氂在长安大战，死者数万人
前 87			后元二年	武帝于五柞宫驾崩，殡未央宫前殿
前 86		昭帝	始元元年	为太后建造园庙
前 77			元凤四年	孝文庙正殿失火，重建
前 74			元平元年	昭帝于未央宫驾崩。于长乐宫置屯卫
前 53		宣帝	甘露元年	太上后庙、孝文庙失火
前 51			三年	匈奴呼韩邪单于来朝，到达长安官邸
前 50			四年	未央宫宣室阁失火
前 49			黄龙元年	宣帝于未央宫驾崩
前 46		元帝	初元三年	撤甘泉、建章宫守卫
前 44			五年	停角抵
前 36			建昭三年	斩郅支单于首，悬于长安蛮夷邸门上

续表

公元	时代	皇帝	年号	事项
前 33			竟宁元年	元帝于未央宫驾崩
前 31		成帝	建始二年	于长安南郊郊祀
前 30			三年	未央宫发生地震
前 18			鸿嘉三年	孝景庙阙失火
前 16			永始元年	太官凌室失火
前 13			四年	长乐临章店、未央宫东司马门失火
前 9			元延四年	降甘露，赏赐长安民众牛酒
前 7			绥和二年	成帝于未央宫驾崩
前 5		哀帝	建平二年	建造恭皇庙
前 4			三年	桂宫正殿失火
前 3			四年	恭皇园北门失火
前 1			元寿二年	哀帝于未央宫驾崩
1		平帝	元始元年	建造羲和宫，废除明光宫以及三辅的驰道
2			二年	长安城中新建五里
4			元始四年	起大风，悉数吹掉长安城东门屋瓦
34	东汉	光武帝	建武十年	修缮长安高庙
43			十九年	修缮长安宫室
190		献帝	初平元年	董卓由洛阳迁都长安
196			建安元年	献帝返回洛阳
318	前赵	刘曜	光初元年	刘曜定都长安
336	后赵	石虎	建武二年	石季龙发动雍、洛、秦、并州十六万人修筑长安未央宫
357	前秦	苻坚	永兴元年	苻坚打败叛将张平，将其管辖地三千余户迁至长安
365			建元元年	苻坚打败匈奴，将其贵族六千余户迁至长安

续表

公元	时代	皇帝	年号	事项
394	后秦	姚兴	皇初元年	姚兴将阳密三万户迁至长安
401			弘始三年	鸠摩罗什到达长安
558	北周	明帝	二年	太庙完成
560		武帝	武成二年	改造路门、应门
563			保定三年	改造路寝
582	隋	文帝	开皇二年	建设大兴城
583			三年	文帝入主新都
613		炀帝	大业九年	发十万丁男修筑大兴城
618	唐	高祖	武德元年	高祖改隋大兴宫为太极殿，于太极殿即位
622			五年	太极殿宴请百官。修建宏义宫（后来的太安宫）
626			九年	高祖于太安宫垂拱前殿驾崩
635		太宗	贞观九年	增修太庙为六室
638			十二年	初设玄武门
647			二十一年	在终南山上营建太和宫，改为翠微宫
649			二十三年	太宗于含风殿驾崩
654		高宗	永徽五年	建造长安城罗郭，分别在九门施观。先是役使丁夫四万人，之后又和雇京兆百姓四万一千人
662			龙朔二年	建造蓬莱宫（大明宫）
663			三年	新建含元殿，高宗移居含元殿，改故宫（太极宫）为西内。首次在紫宸殿听政
670			咸亨元年	蓬莱宫改名含元宫
701	周	武则天	长安元年	含元宫改名大明宫，含元殿改名大明殿

续表

公元	时代	皇帝	年号	事项
710	唐	睿宗	景云元年	大内宫改为太极宫
714		玄宗	开元二年	建造兴庆宫，隆庆坊南面的大池称为隆庆池，置花萼楼、勤政务本楼
723			十一年	在骊山建造温泉宫
731			十九年	修缮长安、洛阳的街市、沟渠、桥道
736			二十四年	扩建花萼楼。建造夹城，通往芙蓉园
742			天宝元年	修建城西通往西市的漕渠，运送木材、薪炭
747			六载	温泉宫改名华清宫
753			十二载	役使京师及三辅一万三千人修筑兴庆宫墙及观楼
758		肃宗	乾元元年	因憎恶安禄山姓，将凡带有安字的京城以及坊门一律改名
763		代宗	广德元年	城内六街禁种植
764			二年	因大雨，一斗米升至一千文
765			永泰元年	因天旱，一斗米升至一千四百文
766			二年	禁止侵占街道建垣舍
787		德宗	贞元三年	在大明宫北垣建玄英门及观
788			四年	地震频发。修建延喜门北边的复道，通至永春门
792			八年	重建玄武门以及庑会、鞠场
796			十二年	增修望仙楼。扩建夹城以及十六王宅
797			十三年	麟德殿前建造会庆亭。引龙首渠水入通化门，至太清宫前
803			十九年	修缮含元殿

续表

公元	时代	皇帝	年号	事项
807		宪宗	元和二年	首次在建福门外设置百官待漏院。新建左神策军、夹城
808			三年	修南内殿及勤政务本楼、明光楼
811			六年	拆毁安兴门南竹亭
813			八年	修缮兴唐观
814			九年	在长兴里北设置礼宾院
817			十二年	修建夹城，自云韶门、芳林门西至修德里，通兴福寺
818			十三年	建造麟德殿右廊
819			十四年	仗内教坊迁至延政里
820			十五年	修建永安殿、宝庆殿，修日华门、通乾门
821		穆宗	长庆元年	在禁中修建百尺楼
827		文宗	太和元年	拆毁升阳殿东放鹤亭以及望仙门侧看楼
828			二年	修缮安福楼以及两仪殿、甘露殿。建昭庆门内西墙
835			九年	发左右神策军一千五百人，疏浚曲江及昆明池。毁银台门。修三门楼。发左右军二千人，填龙首池为鞠场在曲江建造紫云楼
841		武宗	会昌元年	建造灵符应圣院
843			三年	在禁中建造望仙馆
845			五年	在南郊坛建造望仙台
847		宣宗	大中元年	修百福殿院
848			二年	修右银台门楼屋宇以及南面城墙，至睿武楼

续表

公元	时代	皇帝	年号	事项
851			五年	修明仪楼
880		僖宗	广明元年	黄巢攻陷长安，于含元殿即位
883			中和三年	李克用由光泰门入长安，打败黄巢。黄巢烧掉宫室逃走
884			四年	王徽缮治长安宫室
885			光启元年	李克用进逼长安，帝出开远门，逃至凤翔
888		昭宗	文德元年	帝回到长安
896			乾宁三年	李茂贞进入长安。中和以来补葺的宫室、市肆悉数被烧毁
898			光化元年	韩建修复长安宫阙，诸道皆给予钱财及工材资助
904		哀帝	天祐元年	帝迁都洛阳。朱全忠毁长安宫室百司以及民间庐舍，取其材浮渭河而下

译后记

佐藤武敏先生此书，可以说是20世纪日本关于长安的研究中最基础、最全面，也是最详尽的一部论著。它征引丰富、考证详细，内容跨度从新石器时代直至中华人民共和国成立后，堪称是一部完整的长安都市史略。

按照最初的打算，此书本应与石田幹之助《长安之春》、妹尾达彦《长安的都市规划》，共同作为本“译丛”的第一批选书出版。因为这三部论著分别问世于1941年、1971年、2001年，间隔均30年左右，且各具特色，通过这三部书，可以基本了解近一百年来日本对长安研究的情况，我把它们称之为“长安三书”。但其间由于未能及时与佐藤先生取得联系，加之其他原因，无奈将这本《长安》与石田幹之助先生《长安之春》的出版计划延后了一年。今日此二书终于得以问世，甚感欣慰。

与佐藤先生取得联系，要感谢《长安的都市规划》的作者妹尾达彦先生。我在翻译《长安的都市规划》期间，与妹尾先生联系甚多，于是有机会通过他询问到了佐藤先生的近况及联系方式。我按照住址，冒昧给佐藤先生寄去了书信及新近翻译出版的《长安的都市规划》，不久便得到了先生手书的回函，他在信中欣然允诺了将此书收入“译丛”的请求，并委托我来翻译此书。能在翻译出版《长安的都市规划》后，又经妹尾先生介绍，有幸与佐藤先生及他的力作《长安》结缘，这真是我人生中的幸事！再次感谢妹尾先生的支持和佐藤先生的信任。

佐藤先生书中引用了大量的史料，如《史记》《汉书》《长安志》等。原著在引用时，有的采用了日本特有的“汉文训读法”，有的则译成了日语白话文。对于这两种方式，我在翻译时，都在一一与原典进行对照后将其还原成了引用史料的原文。其间如有疏漏还望读者谅解。另外，书中所有图版均由佐藤先生原著扫描而来，仅对部分图上的个别日文做了修改，特此说明。

高兵兵

2021 年 7 月